Hoppla Natascha

Luis María Pescetti

Illustrationen: Pablo Fernández

Софии, Инэс и Игнасио

ZU DEN EINZELNEN FIGUREN

Natascha ist ein etwa acht- bis neunjähriges, sehr aufgewecktes Mädchen, das alles wissen möchte und seiner Mama Löcher in den Bauch fragt. Nataschas Mama und ihre beste Freundin nennen sie auch Nati.

Pati und Nati gehen in die gleiche Klasse. Sie sind beste Freundinnen. Pati ist einsichtiger als Nati, kann auch nachgeben und ist etwas besser in Mathematik. Sie weiß auf ziemlich jede Frage ihrer besten Freundin eine Antwort.

Mama oder Mami ist Natis Mutter. Sie arbeitet zu Hause und ist eine sehr, sehr geduldige Person, die versucht, alle Fragen ihrer Tochter zu beantworten. Ganz selten schafft sie es nicht und verliert die Geduld.

Rafles ist Natis Hund, den sie auf der Straße gefunden und mit nach Hause genommen hat. Nati erzieht Rafles – ohne sichtbaren Erfolg.

Schauplatz ist eine Stadt in Argentinien.

ОТДЕЛЬНЫЕ ФИГУРЫ

Наташа, примерно, восьми-девятилетняя девочка. Она очень смышлённа, хочет всё знать и постоянно расспрашивает обо всём свою маму. Мама Наташи и её лучшая подруга также называют её Нати.

Пати и Нати учатся в одном классе. Они лучшие подруги. Пати благоразумнее Нати, умеет уступать и немного лучше разбирается в математике. Она может дать ответ на почти каждый вопрос своей лучшей подруги.

Мама Нати. Она работает на дому, является очень-очень терпеливым человеком и пытается ответить на все вопросы своей дочери. Очень редко она не справляется и теряет терпение.

Рафлис – собака Нати. Она нашла его на улице и принесла с собой домой. Нати воспитывает Рафлиса – без видимого успеха.

Местом действия является один город в Аргентине.

An einem Ort

– Mami, ich geh wohin, um was zu machen.
– Bitte, wohin gehst du?
– Eben irgendwohin, an einen Ort … dorthin.
– Dorthin? Ist das weit?
– Nein … na ja, nicht so weit, es ist in der Nähe von dem Platz.
– Von welchem Platz?
– Du weißt schon, der Platz, von dem ich dir einmal erzählt habe …
– Ich erinnere mich nicht, Natascha.
– … siehst du, ich habe es dir einmal erklärt und du hast dann zu mir gesagt: Gut, geh ruhig!
– Aber wohin wirst du gehen?
– Ich habe dir das doch schon erklärt, Mami! Oder hörst du mir nicht zu?
– Ich habe dir zugehört, aber nichts verstanden!
– Ich gehe in die Nähe von dem Haus, wo das Mädchen wohnt.
– Welches Mädchen?
– Das Mädchen, das mir einmal ein Geschenk gegeben hat.
– Ein Geschenk? Welches Geschenk?
– Puh, ich erinnere mich nicht mehr. Das Mädchen, das alle Haare so hat!

– Мама, я иду кое-куда, кое-что сделать.
– Куда ты идешь?
– Кое-куда... Это вон там.
– Вон там – это далеко?
– Нет... более-менее... не так далеко, это рядом с площадью.
– Какой площадью?
– Той площадью, о которой я тебе рассказывала.
– Наташа, я не помню.
– Ну... я тебе однажды говорила, а ты сказала: „Ладно, иди."
– Но куда же ты идешь?!
– Я же тебе сказала, мама. Или ты меня не слышала?
– Я слышала, но ничего не поняла.
– Я иду туда, где дом девочки.
– Какой девочки?
– Той, что однажды мне подарок подарила.
– Подарок? Какой?
– Ну, я не помню! Это та, у которой волосы вот такие.

– Gelockt?
– Nein, alle so … die, die in der Nähe von dem Platz wohnt. Die, die wir einmal getroffen haben!
– Welcher Platz?
– Der, der beim Kiosk ist, der bei der Abbiegung dort, wo so etwas mit Farben steht und … was weiß ich.
– Der Kiosk an der Ecke?
– Nein, einer, der eine Maschine hat, die sich dreht.
– Meinst du den Automaten, an dem man Bonbons kaufen kann?
– Nein, der doch nicht! Das hat damit gar nichts zu tun! Eine Maschine, die sich so dreht, Mama!
– Ich weiß nicht, Natascha, ein Automat an einem Kiosk, der sich dreht … was weiß ich, was das sein könnte!
– Egal.
– O.K., aber was wirst du im Kiosk kaufen?
– Nein, ich gehe nicht in den Kiosk, ich gehe so auf die Seite, mehr dort drüben hin.
– Ich weiß nicht, Natascha, wo das sein soll!
– Der Ort, wo du einmal zu mir gesagt hast: O.K., da kannst du hingehen.
– Ja, du hast mir ja schon erklärt, dass ich das gesagt habe.
– Na ja, dann lass mich doch einfach nochmal dort hingehen und fertig. Warum machst du das so kompliziert?

– Кудрявые?
– Нет, такие вот все. Та, что живет в том месте, которое мы однажды видели!
– Какое место, Наташа?!
– То, что рядом с киоском, что вон там вон, за углом. В нем еще вещь такая, цветная, как ее...
– Киоск за углом?
– Нет, в нем еще аппарат такой, вращается.
– Машинка с конфетами?
– Нет, ничего подобного! Мама, он крутится!
– Не знаю, Наташа, в киоске, и крутится... Я не знаю, что же это может быть?
– Ладно, только ты позволь мне пойти.
– Хорошо, но что ты собралась покупать в этом киоске?
– Нет, я не в киоск, а туда, как бы в сторону, дальше...
– Я не знаю, где это, Наташа.
– Ты однажды мне ещё сказала: „Ладно, иди.“
– Да, ты мне уже говорила, что я тебе это сказала!
– Тогда позволь мне ещё раз и всё. Зачем так всё запутывать?

Lebendig

– Ein Monster, Pati!!!

– Wo? Wo?

– Hier, auf dem Boden, sieh mal!

– Igitt! Nein, ich kann nicht, ich hab sonst schlechte Träume!

– Ich glaube, es ist tot.

– Wirklich? Lass mich mal sehen, nein, besser doch nicht. Ist es tot?

– Ich glaube ja, es bewegt sich fast nicht.

– Nati, wenn es sich bewegt, lebt es!

– Nein, es bewegt sich kaum, nur eben ein Bein, eigentlich ist es tot, fast, außer diesem einen Bein.

– … dann lebt es!

– Nein, ich sage dir, dass es tot ist! Das einzig Lebendige ist sein Bein.

– Es kann nicht sein, dass nur das Bein des Monsters lebt und das Monster tot ist, Nati.

– Doch, wenn nämlich das Monster leben würde …

– Außerdem ist es ein Insekt.

– … gut, ein Insekt, wenn es leben würde, würde sich das Monster bewegen und nicht nur das Bein. Wenn sich das Bein bewegt, und es bewegt sich, dann glaube ich, dass es lebendig ist, das Bein.

– Пати, монстр!!!

– Где?! Где?!

– Вот тут, на полу, смотри.

– Фу, лучше не буду смотреть, а то потом приснится.

– Я думаю, он мёртвый.

– Ну-ка, дай-ка взглянуть! Серьёзно? Нет, лучше не смотреть. Он мёртвый?

– Я думаю да, он почти не шевелится.

– Если он шевелится, он живой, Нати!

– Нет, потому что, если он только одной ножкой шевелит, значит он весь мёртвый, кроме этой ножки.

– … значит он живой.

– Нет, говорю же тебе, он мёртвый. Единственное, что живое, так это нога!

– Нати, не может быть живой нога мёртвого монстра.

– Да, может, потому что, если бы монстр был жив…

– Да к тому же, это насекомое.

– … ладно, насекомое, если бы было оно живое, то монстр шевелился бы весь, а не только нога. Если шевелится нога, – это значит, что жива нога.

– Нога не живая, в смысле, живая, но потому, что монстр...

– Ты ведь сказала, что это насекомое, Пати.

– Потому что насекомое живое.

– Раз оно живое, почему же оно не шевелится?

– Оно шевелится, шевелит ножкой.

– Нет, то что шевелится, так это нога, а он мёртв.

– Чего бы ножке шевелиться, если монстр мёртв?

– Может быть, нога шевелится, потому что хочет как бы сказать: „Я еще служу, я не мертва, отдайте меня другому монстру.“

– Другому насекомому.

– Да, другому насекомому, так как этот монстр у меня умер.

– Не так всё это, Нати. Монстр или живой, или же он мёртвый. И я думаю, что он более мёртвый, чем не знаю, что.

– Но я же ведь только что видела, как у него ножка шевелилась, значит он, хоть немножечко, живой.

– Наташа, он совсем живой!

– Ножка его жива совсем, а он совсем мёртвый, или немножечко живой, немножечко живой в ноге.

– Ничего подобного, Наташа. Во всяком случае, он умирает, раз уж даже ножкой только чуть-чуть двигает.

– ... (думает).

– Das Bein ist nicht lebendig, also ich meine, es lebt, weil das Monster …

– Pati, du hast gesagt, dass es ein Insekt ist.

– … weil das Insekt lebt.

– Und warum bewegt es sich nicht, wenn es lebt?

– Es bewegt sich doch, es bewegt das Bein.

– Nein, das, was sich bewegt, ist das Bein, aber das Insekt ist tot.

– Und warum würde sich das Bein bewegen, wenn das Monster tot ist?

– Das Bein bewegt sich wahrscheinlich, weil es sagt: „Hey, ich bin noch da, ich bin nicht tot, gebt mich einem anderen Monster.“

– Einem anderen Insekt.

– Ja, … einem anderen Insekt, weil dieses Monster ist mir gestorben.

– Nein, so ist es nicht, Nati! Das Monster ist entweder tot oder lebendig, und das hier ist mehr tot als lebendig.

– Aber ich habe gerade gesehen, dass es sein Bein bewegt hat, also ist es ein wenig lebendig.

– Es ist völlig lebendig, Natascha.

– Das Bein ist komplett lebendig und das Insekt völlig tot oder ein klein wenig lebendig, ein wenig lebt das Bein.

– So ist es nicht, Natascha! Wenn sich das Bein kaum mehr bewegt, dann heißt das, dass es auf jeden Fall stirbt.

(Sie denkt nach.)

– ... (Смотрит, как та думает)
– Или же он оживает.
– Что?!
– Да, он начинает жить.
– Так не бывает. Что-то может умереть, но не можит ожить.
– Бывает. Он был мёртвый, вдруг ожила сначала нога, и вот он начал ею двигать немножко.
– Нет, Нати. Он был живой, совсем живой, но может быть, старенький, или кто-нибудь на него немножко наступил, или он понюхал случайно немного яда и начал умирать.
– Я думаю, он был мёртвый, но что-то произошло, и он начал оживать.
– Что же могло произойти, Наташа?
– Я откуда знаю! Это ведь монстры! Если бы это были люди, они бы были у себя дома, а не у нас в квартире, мёртвые и с живой ногой! Такие вещи только с монстрами случаются!
– Это не монстр, а насекомое.
– Да всё равно, Пати. Ты его вблизи видела? Разница между монстрами и насекомыми в том, что монстры побольше в размере, и всё. Если бы ты уменьшила монстра, то сказала бы: „Ой, насекомое.“
– Нет, потому что монстры не существуют, а насекомые да. Ха-ха-ха.

(Beobachtet sie beim Nachdenken.)
– Hm, oder es lebt gerade.
– Was?!
– Ja, es beginnt zu leben.
– Das sagt man aber nicht so. Eine Sache kann sterben, aber nicht wieder leben.
– Klar, kann es. Es war völlig tot und plötzlich lebt zuerst das Bein und dann fängt es an, sich ein wenig zu bewegen.
– Nein, Nati. Es war so: Zuerst hat es gelebt, völlig lebendig, und dann war es vielleicht ein wenig alt oder jemand ist so halb daraufgetreten oder ohne es zu wollen, atmete es ein wenig Gift ein, und es hat zu sterben begonnen.
– Und ich sage dir, dass es zuerst tot war, dann ist irgendetwas passiert, und es hat wieder begonnen zu leben.
– Und was soll passiert sein, Nati?!
– Was weiß ich! Deshalb sind es doch Monster. Wenn es ein Mensch wäre, würde es bei seiner Mami sein und nicht auf dem Boden, auf meinem Boden … komplett tot mit einem lebendigen Bein! Das, Pati, passiert nur Monstern. So ist das eben!
– Es ist ein Insekt und kein Monster!
– Das ist dasselbe, Pati. Hast du es dir nicht aus der Nähe angesehen? Der Unterschied zwischen einem Monster und einem Insekt ist nämlich der, dass Monster größer sind, und das war´s! Wenn du ein Monster in ein kleines Monster verwandeln könntest, würdest du sagen: Oh, ein Insekt!
– Nein, das stimmt nicht. In Wirklichkeit gibt es nämlich keine Monster, aber Insekten schon! So ist das!

– Für die kleineren Insekten sind die großen Monster!

– Die Insekten glauben nicht an Monster, weil sie nämlich nicht denken können.

– Um vor einem Monster Angst zu haben, muss man nicht denken können!

– Doch, das muss man, weil du sonst nicht überlegen kannst, wovor du Angst hast, Natascha!

– Aber Pati, du siehst etwas und erschreckst dich – und fertig!

– Nein, weil, wenn du dich erschreckst, denkst du: Ach, wie schrecklich! Und wenn du das nicht denkst, kannst du dich nicht erschrecken!

– Das stimmt nicht. Vielleicht hast du nämlich Angst, weil du so etwas noch nie gesehen hast! Und weil du so etwas noch nie gesehen hast, macht es dir Angst.

– Na gut! Wenn du noch nie so etwas gesehen hast, dann kannst du dich nicht erinnern, und um sich zu erinnern, muss man denken!

(Denkt.)

(Sieht ihr beim Denken zu.)

– Heißt das, dass die Dinge, die nicht denken können, sich nicht erschrecken?

– Nein.

– …

– …

– Und warum entkommen dann die Fliegen, Pati?

– … (?)

– Wie denken dann die Fliegen?

– Hm, sie denken auf Fliegisch.

– Und wie soll das gehen?

– Большие насекомые – монстры для маленьких насекомых. Ха-ха-ха.

– Насекомые не верят в монстров, потому что они не думают.Ха-ха-ха.

– Для того, чтобы бояться монстров, не обязательно думать.

– Нет, обязательно. Если ты не можешь думать, чего тебе бояться, Наташа?

– Того, что видишь, Пати. Увидишь и испугаешься, и всё.

– Нет, потому что ты боишься, когда думаешь, что тебя могут обидеть. Если ни о чем не думаешь, то и не боишься.

– Нет, ты боишься, потому что, возможно, никогда ничего похожего не видела: не видела, поэтому боишься.

– Ну хорошо! Если никогда ничего похожего не видела, значит ты помнишь, а чтоб помнить, надо думать.

– … (думает).

– … (видит, как та думает).

– Значит те, кто не думают, не могут бояться?

– Ага…

– …

– …

– Пати, почему же тогда мухи улетают, прячутся?

– … (?).

– Значит мухи думают!

– Но думают они по-мухиному.

– Как это интересно, думать по-мухиному?

– Все время вот так: бзззззззззз.

– В голове, наверное, дырка может появиться: весь день такой шум слышать.

– АЙ, НАТАША! А ГДЕ МОНСТР?

– Улетел!

– Значит он был живой!

– Нет, Пати, я была права. Он был мёртвый, начал оживать, и совсем ожил.

– Нет, Наташа, вот спроси у своей мамы и увидишь.

– Моя мама ушла отнести кое-что, позвони своей.

– (тишина, набирается номер.) Привет, мама? Послушай, один вопрос, если монстр кажется, что мёртвый, но двигает ножкой чуточку: не правда ли, что он живой, а не мёрвый с живой ногой?

– … (тишина в трубке, думает: „помогите")

– Na so: Zzzzzzzzzzzzzzzzzzzzzz … die ganze Zeit.

– Da kriegst du doch ein Loch im Kopf, wenn du den ganzen Tag dieses Zzzzzzzzzzzzzzz … hörst, oder?

– Puh, Natascha! Und das Monster?

– Es ist weggeflogen!

– Also hat es gelebt.

– Nein, Pati, ich hatte Recht. Es war tot und hat begonnen zu leben, und dann war es richtig lebendig.

– Nein, Natascha. Frag deine Mama, du wirst schon sehen.

– Meine Mama ist weg, sie bringt irgendetwas wohin. Ruf doch deine an!

– (Stille, sie wählt eine Telefonnummer.) Hallo Mami? Hör mal, ich muss dich was fragen: Wenn ein Monster tot scheint und nur ein Bein bewegt, ist es dann sicher, dass es lebt, und nicht, dass es tot ist? Oder ist nur das Bein lebendig?

(Stille am anderen Ende der Leitung, wo jemand intensiv nachdenkt und innerlich um Hilfe bittet.)

Rafles

– Mama!
– Schrei nicht so, Natascha, was willst du?
– Ich will, dass du kommst!
– Ich habe dich schon gehört, aber ich arbeite, was möchtest du?
– Komm!
– Kannst du mir denn nicht sagen, was du willst, mal sehen, ob ich dir von hier antworten kann!
– Nein, ich möchte, dass du es siehst.
– Dass ich was sehe?
– … ich möchte dich nur was fragen.
– Wenn es nur eine Frage ist, muss ich es ja nicht sehen.
– Doch … komm her!
– Ich kann es doch hören, Natascha, sag es mir und hör auf zu schreien. Sie werden uns aus dem Haus werfen, wenn du so laut schreist.
– KOMM HER!!!
(Nein, sie werden uns nicht aus dem Haus werfen, sie werden uns aus der Stadt jagen.)
– Mami … bitte komm!
– Ich habe es dir doch schon gesagt, nein.

– Мама!
– Не кричи, Наташа. Что ты хочешь?
– Чтоб ты подошла.
– Я слышу, но я работаю. Что тебе надо?
– Подойдииии!
– Ты не можешь мне сказать, что ты хочешь? Может, я отсюда тебе смогу подсказать?
– Нет, хочу, чтоб ты увидела.
– Увидела что?
– … хочу тебе вопрос задать.
– Раз это вопрос, то не надо мне ничего видеть.
– Надо… подойди. Я тебя прошу!
– Я слышу, Наташа: давай, спрашивай, и перестань кричать, а то нас из здания выгонят из-за твоих криков.
– ПОДОЙДИ!!!
– … (не из здания нас выгонят, а из города).
– Ну, мамуля… пожалуйста, подойди.
– Сказала же уже, что нет.

– ... (молчание.)

– ... (молчание, обращающее внимание на предыдущее молчание).

– ... (очень подозрительное молчание).

– Наташа, что ты там делаешь?

– ... (шум, смех).

Наташа, ты мне скажешь, что ты там делаешь? Смотри мне, а то сейчас подойду!

– Нет, не иди!

– Как не иди? Конечно же пойду!

– Нет, мамуля! Серьёзно, не иди, пожалуйста!

– Ещё чего не хватало, сейчас же иду смотреть, что ты там делаешь. (встаёт и идёт). Наташа, открой дверь.

– Не могу.

– Пожалуйста, открой мне дверь!

– Нет. мамочка, не нужно.

– Не нужно?!

– Всё, мама.

– Что всё?

– То что я просила, чтоб ты подошла, уже не важно.

– Ты что-то сломала, Наташа?

– Уф, ничего я не сломала, мама.

– А этот шум? Не сломала ли ты музыкальную шкатулочку?

– Какую?

– Ту, что тебе бабушка подарила. Ты её не сломала, а?

– Да ну, она была некрасивая.

(Stille.)

(Stille, die abwartet, ob die andere Stille etwas macht.)

(Verdächtige Stille.)

– Natascha, was machst du?

(Lärm, Lachen.)

– Natascha! Kannst du mir bitte sagen, was du machst? Na gut, ich komm jetzt!

– Nein, komm nicht!

– Ich soll nicht kommen? Natürlich komme ich.

– Nein, Mami! Im Ernst, bitte komm nicht!

– Jetzt komme ich, um zu sehen, was du machst. (Sie steht schon auf.) Natascha, öffne die Tür.

– Ich kann nicht.

– Kannst du bitte die Tür öffnen?

– Nein, Mami, es ist nicht notwendig.

– Es ist nicht notwendig ...

– Fertig, Mami.

– Was ist fertig?!

– Das, was ich dir vorher gesagt habe, damit du kommst, na ja, egal ...

– Hast du was kaputt gemacht, Natascha?

– Uff, nichts, Mami.

– Und dieses Geräusch? Hast du etwa die Spieldose kaputt gemacht?!

– Welche?

– Die, die dir Oma geschenkt hat, hast du sie etwa ruiniert?

– Komplett, sie war nicht schön!

– Sie WAR? Hast du sie zerbrochen? Na, du kannst was erleben. Natascha, öffne die Tür!
– Nein, ich war das doch nicht, das war Rafles.
– Wer ist Rafles?
– … jaaul!
– Natascha, wer ist Rafles?
– … wau, wau, wau, wau!
– Was ist das für ein Geräusch? NEIN! Natascha, hast du dort drinnen einen Hund?!!
– … ich habe dir doch gesagt, dass das nicht wichtig ist. (Sie öffnet die Tür.)
– Woher hast du den Hund?
– Reg dich nicht auf, Mama, ich habe ihn auf der Straße gefunden.
– Auf der Straße?! Und sofort schaffst du ihn weg – raus, aus dem Haus!
– Nein, wenn er geht, geh ich auch!
– Gute Idee!
– Nein, Mami, lass mich, ich wollte schon immer einen Hund haben.
– Aber wir leben in einer Wohnung, Nati … es geht nicht.
– Bitte Mama!
– … das wird echt kompliziert …
– Siehst du, wie süß er ist?
– … siehst du, in welchem Zustand dein Zimmer ist, totales Chaos, Natascha.
– Das ist Rafles, Mami, er möchte nicht ruhig bleiben, ich hab ihm schon erklärt, wenn er sich nicht ordentlich benehmen kann, dann muss er gehen.
– Er benimmt sich nicht ordentlich, Natascha, er muss weg, er hat dein Zimmer zerstört.

– Как БЫЛА!?? Ты её сломала? Я тебе сейчас покажу… Наташа, открой дверь.
– Это не я. Рафлис её разбил.
– Кто такой Рафлис?!
– … у-у-у!
– Наташа! Кто такой Рафлис?!
– … гав-гав-гав-гав!
– Что это за звуки? Нет! Наташа! У тебя там собака?!
– … Я тебя предупредила, мама, что уже не важно (открывает дверь).
– Откуда ты взяла эту собаку?
– Не переживай, мама, я его на улице нашла.
– На улице?! Сейчас же убирай его из дома!
– Нет, если уйдет он, то и я уйду!
– Замечательно!
– Нет, мамочка, позволь мне, я всегда хотела собаку.
– Но мы живём в квартире, Нати,… это не возможно.
– Пожалуйста, мама.
– … это одни трудности…
– Смотри, какой он хорошенький!
– Смотри, какая твоя комната: всё вверх дном, Наташа.
– Это Рафлис, мама, он не хочет сидеть спокойно. Я его предупредила, что если он будет плохо себя вести, то ему придётся уйти.
– Он уже плохо себя повёл, Наташа, ему нужно уйти. Он тебе всю комнату разгромил.

– Nein, aber gerade jetzt beginnt er zu lernen.

– Ja, so fängt es an. Und wie hört es auf?

– Du wirst sehen, er wird sich gut benehmen. Ich werde überall kleine Zettel hinkleben, damit er sich erinnert, dass er sich ordentlich benehmen muss.

– Der Hund kann nicht lesen.

– Ich werde ihm Lesen und Schreiben beibringen.

– Hunde können weder lesen noch schreiben, Nati.

– Rafles schon, Mama.

– Sieh mal, Natascha, wir werden ihn jetzt auf die Straße zurückbringen.

– Nein, Mama, ich verspreche dir, dass ich mich um ihn kümmere.

(Stille, sie stellt sich vor, wie Natascha ihn badet und ihm zu fressen gibt.)

– Ja, Mami, du wirst schon sehen.

– Also gut … wir werden es eine Woche lang probieren, wenn er sich schlecht benimmt, muss er gehen. Einverstanden?

– Jain.

– Ja oder nein?

– Jain.

– Natascha!

– Uff, na gut, ja.

– Komm, wir werden ihn zum Tierarzt bringen.

– Warum, Mami?

– Damit sie ihn baden und impfen, Natascha, komm.

– Komm, Rafles, auf dem Weg dorthin werde ich anfangen, dir etwas beizubringen … sieh her, dieser Buchstabe ist ein W …

– Нет, он только вот начал понимать.

– Если он так начинает, как же будет, когда он закончит?

– Вот увидишь, как он научится себя отлично вести. Я ему повешу записки, чтоб напоминали вести себя хорошо.

– Собаки не читают, Наташа.

– А Рафлис будет.

– Слушай, Наташа, давай отведём его на улицу.

– Нет, мама, я обещаю, что буду за ним присматривать.

– (молчание, она представляет себе, как Наташа купает и кормит собаку).

– Да, мама, вот увидишь.

– Смотри, давай попробуем одну неделю. Если плохо будет себя вести, уйдет. Договорились?

– Д… ет

– Да или нет?

– Н… а

– Наташа!

– Уф, ладно, да.

– Пошли отведём его к ветеринару.

– Зачем, мама?

– За тем, чтоб его вымыли и прививки сделали. Пошли, Наташа.

– Пошли, Рафлис, я тебя буду учить по дороге… смотри, это буква „г“…

Die Lektion

– Mami, kannst du mir beim Wiederholen der Lektion helfen?

– Lass mich mal sehen! Die fünf Sinne?

– Ja richtig …

– Hier, fang an …

– Ja, ich beginne.

(Sieht in das Buch.)

(Frisiert sich.)

– Und?

– Ich bereite mich gerade vor, Mami, ich warte auf dich, sei doch nicht so.

– Du bereitest dich vor? Worauf, Natascha?

– Ich bereite mich darauf vor, mich zu konzentrieren.

– Und wenn du dich zuerst konzentrierst und mich später rufst?

– Sei doch nicht so, Mami! Hier, Lektion „Die fünf Sinne", Seite achtzehn …

– …? Seite achtzehn?

– Sagt man nicht Seite achtzehn?

– Ja, aber das ist doch nicht so wichtig. Lass mich mal sehen, weiter.

– Мам, ты ме поможешь повторить урок?

– Ну-ка, покажи! Пять чувств?

– Да, ага… сейчас…

– Давай, начинай…

– Да, сейчас начну…

– … (смотрит в книжку).

– … (причёсывается).

– Ну?

– Мама, я готовлюсь, не будь такой.

– Как это ты готовишься, Наташа?

– Мама, я готовлюсь! Перестань, я так не могу сосредоточиться!

– Может, лучше ты сначала сосредоточишься, а потом меня позовёшь?

– Подожди, мама, не будь ты такой. Вот. Урок „Пяти чувств", страница восемнадцать…

– …?! Страница восемнадцать?

– Разве не говорят „страница восемнадцать"?

– Да, но разве это имеет значение? Ладно, продолжай.

– Подожди, я начну сначала: пять чувств, страница восемнадцать. Есть пять чувств. Их названия: зрение, нюх, вкус, слышать и нюхать…

– Наташа, остановись.

– Ай, мама, мы так никогда не закончим!

– Давай потихоньку! Во-первых, ты назвала всего четыре, а потом сказала нюх и нюхать.

– Надо нюхать и нос?

– Нет, Нати, нюх - это название чувства, нос – это орган, носом нюхают.

– …

– Поняла?

– Что?

– Поняла то, что я тебе объяснила?

– Мам, подожди, я тут подумала кое-что. Послушай вопрос: когда нюхают рыбы, что они делают, чтобы вода в горло не попадала?

– Нати, рыбы живут в воде, плавают, дышат, глотают воду, это им не мешает.

– Если только они не во внутрь, а наружу нюхают. Правда?

– … (раз, два, три, четыре…)

– … Так вода выходит и не заливается в горло.

– Я потом тебе объясню. А сейчас не отвлекайся и продолжай рассказывать урок!

– Warte, ich fang von vorne an. Die fünf Sinne. Seite achtzehn. Die fünf Sinne sind fünf. Es sind der Sehsinn, der Geruchssinn, der Geschmacksinn, hören, riechen …

– Natascha, Moment!

– Mami, so werden wir nie fertig.

– Moment, schön langsam! Du hast nur vier genannt, und dann hast du riechen und Geruchssinn gesagt.

– Es ist riechen und die Nase, oder?

– Nein, Nati, der Name des Sinnes ist Geruchssinn, das Organ ist die Nase und mit der Nase riecht man.

– …

– Hast du das verstanden?

– Was?

– Ob du das verstanden hast, was ich dir erklärt habe?

– Mami, warte, ich habe gerade an etwas anderes gedacht, hör mir mal zu. Was müssen die Fische tun, wenn sie riechen wollen, ohne dass ihnen Wasser in die Nase kommt?

– Nati, die Fische leben im Wasser, sie schwimmen, atmen, schlucken Wasser. Das Wasser stört sie nicht.

– … zumindest riechen sie außerhalb, oder? (Eins, zwei, drei, vier …)

– … und dann kommt nicht so viel Wasser in das Fischmaul.

– Das erkläre ich dir später. Lenk jetzt bitte nicht vom Thema ab und mach mit der Lektion weiter!

– Uff, also die fünf Sinne, Seite achtzehn.
– Natascha, kannst du mir bitte erklären, warum du immer „Seite achtzehn" wiederholst?
– Weißt du, ich mache mit meinen Freundinnen einen Wettbewerb. Es gewinnt der, der am ordentlichsten ist.
– Was?
– Ja, also es ist so, Claudia, Lara und Rosario haben die Mädchenbande Koralle gegründet und wir sind die Perlenbande.
– Du scherzt, oder?
– Nein, Mami, im Ernst. Bevor wir in das Klassen-zimmer gehen, sagen wir: „Es lebe die Perlenbande!" Und die Korallenbande ruft natürlich „Hoch leben die Korallenmädchen!". Aber wir sind immer die Ersten, und dann rufen sie noch lauter, aber wir tun so, als ob wir sie nicht hören würden.
– Aha, welch nette Klassenkameradinnen!
– … hör mir zu, Mami, und dann machen sie so! Und sie folgen uns. Einmal haben sie so laut gerufen, als gerade die Schnauzbärtige vorbeigegangen ist …
– Die Schnauzbärtige?
– Die Direktorin, Mami!
(Hilfe!)
– … Die Schnauzbärtige ging gerade Richtung Tür. Sie hat sie gerufen, und dann mussten sie sich vor ihr aufstellen und sie hat ihnen den Marsch geblasen! Super, oder?
– Was heißt hier super, Nati?

– Уф, короче, пять чувств, страница восемнадцать…
– Опять за своё! Наташа… объясни мне, зачем ты запоминаешь номер страницы.
– Нет, дело в том, что мы с девочками устроили конкурс тщательности…
– Что?!!
– Да, смотри, Клаудиа, Лаура и Тэрэза – они девочки Коралл, а Пати и я – девочки Жемчуг. Понимаешь?
– Они накидку надевают, Нати, или так просто?
– Нет, мам, серьёзно. Перед тем, как войти в зал, мы произносим: „Да здравствуют Девочки Жемчуг!", – а они своё кричат. Но мы первыми входим, их мы и не слышим. Тогда они кричат громче, а мы притворяемся, что не слышим их…
– Ах! Какие прекрасные одноклассницы!
– … слушай, мама, (видела бы ты их), они все выпендриваться начинают, и преследуют нас, куда бы мы не пошли. Недавно они так сильно кричали, а тут вдруг проходит усатая…
– Усатая?
– Директорша, мам.
– … (спасите).
– … Усатая подходит к двери, подзывает их и заставляет построится перед ней. И как закричит, мам! Так прикольно!
– Почему прикольно, Нати?

– Ja, und so ganz lang und dann hat sie ihnen dies und jenes gesagt. Und Pati und ich sind fast vor Lachen gestorben. Wir haben uns angesehen und haben so die Hand gehoben. Wenn wir so die Hand heben, dann heißt das: „Hoch leben die Perlenmädchen!" Das ist unser Geheimnis, weißt du Mami!
– (Sie kann es fast nicht glauben.)… ja!
– Und dann haben wir ihnen gesagt, dass sie Schreihälse sind, und sie haben zu uns gesagt, dass wir viel schlimmer wären als sie. Und stell dir vor, Rosario hat mein Heft geöffnet und zu mir gesagt, dass ich total schlampig wäre ….
– … ist ja gut, ich kenne Rosario nicht, aber …
– … hör mir zu, Mami, und dann hat mich Pati verteidigt und gesagt, dass, wenn sie wollen, könnten wir einen Wer-ist-ordentlicher-Wettbewerb machen. Das hat ihnen gut gefallen, und sofort haben wir begonnen, und die Lehrerin ist die Richterin. Sie entscheidet.
– Was entscheidet sie?
– Sie muss entscheiden, wer ordentlicher ist, die Perlenbande oder die Korallenbande. Aber sie will kein Geld dafür, weil sie ohnehin schon genug von uns hat.
– Tatsächlich? Das kann ich ja kaum glauben!
– Mami, das ist jetzt deine Chance, du kannst Mitglied in der Perlenbande werden!
– Nati, das sind doch eure Spiele.
– Wir sind die Besten, wir sind die Besten!
– (Hilfe) … Ja, super.

– Да так кричала, говорила им то да сё, понимаешь? А мы с Пати со смеху умирали. Мы переглянулись и сделали вот так рукой. Когда так рукой делаешь, это означает. „Да здравствуют Девочки Жемчуг!". Но мы это только секретно делаем. Ясно, мамочка?
– (не верит своим ушам.)… да.
– Тогда мы им сказали, что они – крикуньи, а они ответили, что мы ещё хуже. А Тереза открыла мою тетрадку и сказала, что я самая нетщательная…
– … ладно, Терезу я не знаю, но…
– … подожди, мама, послушай,.. тогда Пати выступила в мою защиту и сказала, что если они хотят, то мы можем устроить конкурс тщательности, чтоб все увидели, что мы самые тщательные. Они согласились, и мы начали, а учительница – наша судья. Она решает.
– Что она решает?
– Она должна решать, кто самые тщательные: „Девочки Коралл" или „Девочки Жемчуг", но она как бы не хочет, говорит, что мы её замучили.
– Правда? Не могу поверить.
– Ладно, мамуля, спрашивай уро… Ах, мама! Ты хотела бы быть „Девочкой Жемчуг"?!
– Нати, это ваши игры.
– Мама, мы самые лучшие, мы самые лучшие!
– (спасите)… ладно.

– Как прикольно! Потом я позвоню Пати
и всё ей расскажу! А сейчас, давай..
– Давай, что?
– ... ты должна сказать...
– Что?
– Да здравствуют Девочки Жемчуг!.
Видишь? Так мы начинаем урок, а
потом побеждаем... Давай, говори...
– ... (ай)... Говорить или рукой вот так
делать?
– Как хочешь, мам, ты только что
вступила в „Девочки Жемчуг". Пока ещё
не научилась, так делай.
– ... (спасите, ничего не делает).

– Supercool! Später rufe ich Pati an und erzähl ihr
alles. Aber jetzt gemeinsam ...
– Was?
– Du musst sagen ...
– Was?
– Es lebe die Perlenbande! Siehst du, so fangen wir
mit der Lektion an, und dann gewinnen wir ... sag es!
– Ah, ich sag es und mit der Hand muss ich nichts
machen?
– Wie du willst, Mami, jetzt bist du Mitglied der
Perlenbande. Solange du es nicht besser kannst,
mach es einfach so.
– ... (Hilfe! Macht nichts mit der Hand.)

Genug ist genug!

– Hör mal, Pati, machen wir heute die Torte, die wir in der Schule gelernt haben?
– Erlaubt das deine Mama?
– Klar doch! Wenn sie vom Zahnarzt zurück ist, darf sie probieren. Ich schalte zuerst den Backofen ein.
– Nein, besser nicht.
– O.K., dann nicht. Dann machen wir sie nicht im Ofen, sondern ich zünde den Gasherd hier oben an.
– Nati, Feuer ist gefährlich!
– Was willst du? Soll ich die Torte im Kühlschrank backen? Etwas müssen wir anmachen.
– Ja, aber doch erst, wenn alles fertig ist!
– Also gut, wir spielen. Du bist mein Kind und ich erkläre dir, wie es geht!
– Ja.
– Ja, was?
– Ja, was, was?
– Ja, Mama. Pati, ich bin deine Mama. Also, sieh mal, Tochter, zuerst greifst du dir eine Schüssel, so.

– Слушай, Пати, почему бы нам не приготовить пирог, который нам в школе сегодня показали?
– Твоя мама тебе разрешит?
– Конечно! Ведь так, когда она вернётся от зубного, будет, что поесть. Я пойду пока включу духовку.
– Нет, лучше не надо.
– Ладно, не будем включать духовку, лучше тут вверху зажжём плиту.
– Нати, огонь опасен!
– И что? Ты предлагаешь пирог в морозилке испечь? Девочка, что-то ведь надо зажечь!
– Но лучше тогда, когда все уже готово, разве нет?
– Ладно, ты будешь моей дочкой и я тебя буду учить. Давай?
– Да.
– Да что?
– Что „Да что"?
– Да, мама. Пати, я же твоя мама! Ладно, смотри, дочка, сначало надо взять вот такой противень.

– Да, мама.

– ... вот такой. Нет, лучше побольше... этот!

– Там вон есть побольше.

– Хорошо, этот. А сейчас берём пачку муки, вот так открываем её и высыпаем в противень. Видишь, дочка?

– Да, мама.

– Чтобы всё получилось, надо высыпать всю пачку,... а лучше две, но мы только одну возьмём.

– Ja, Mama.

– ... so wie diese da, besser die größere ... wie die da.

– Dort ist eine noch größere.

– Also O.K., dann die da, und wir geben eine Packung Mehl hinein. Wir öffnen es und geben es in die Schüssel, siehst du, meine Tochter!

– Ja, Mama.

– Damit es gut wird, müssen wir die ganze Packung hineingeben ... oder besser gleich zwei Packungen, so, mehr nicht.

– Ja, Mama.
– Tochter, bring mir bitte Wasser.
(Die Tochter bringt ihr eine Tasse Wasser.)
– Ja, Mama.
– Und jetzt fehlt … Butter, die ist im Kühlschrank.

– Да, мама.
– Доченька, налей-ка воды сюда, пожалуйста.
– (дочка чашкой наливает воду) Да, мама.
– А теперь нужно масло, которое в холодильнике.

– (дочка приносит масло) Вот, мама.
– Спасибо, дочка…а сейчас нужно размять всю упаковку, чтобы все смеша…плух!
– НАТАША, ТЫ МЕНЯ ВСЮ ОБРЫЗГАЛА!
– ТАК ОТОЙДИ ЖЕ, ДЕВОЧКА! Я нечаянно! Давай продолжим играть, надень фартук, дочка.
– Да, мама.
– (с трудом раздавливая масло). Ух, Пати! Это масло такое твёрдое…
– Подожди, я придумала (ища решение): смотри сюда, здесь есть спички.
– Прекрасно!
– Давай их сюда, мы их зажжем и быстрей расплавится.
– На…ой, вода их тушит.
– Не подноси так близко (зажигает одновременно три спички).
– Если близко не подносить, то не расплавится. Давай выльем воду пока, потом добавим ещё.
– А, может, лучше горячей воды добавить?
– …всё сделаем.
– (дочка выливает воду с мукой в раковину и наполняет посудину горячей водой).
– (мама продолжает плавить масло спичками).
– Оно уже начинает плавиться!
– Клади его сюда во внутрь яЯяаАаЙН ЕБРЫЗГАЙНАМЕНЯНАТАША! Чуть не облила меня опять.

– (Die Tochter bringt die Butter.) Bitte, hier.
– Danke, meine Tochter … und jetzt muss man die Butter gut zerquetschen, damit sich das alles vermi – … ups!
– NATASCHA, SPINNST DU? Ich bin total weiß, voller Mehl, du hast mich überall angespritzt!
– NA, PASS EBEN BESSER AUF! Du bist nicht rechtzeitig zur Seite gesprungen! Komm, lass uns weiterspielen. Nimm diese Schürze, meine Tochter.
– Ja, Mama.
– (Sie tritt mit dem Fuß fest auf die harte Butterpackung.) Uh, Pati, diese Butter ist sehr fest und hart …
– Warte, ich weiß was (nach einer Lösung ringend), sieh mal, dort sind Zündhölzer.
– Super Idee!
– Gib sie mir, wir werden zwei anzünden, und dann wird die Butter schneller weich.
– Jetzt … uih, das Wasser löscht die Zündhölzer.
– Nein, komm nicht so nahe. (Sie zündet drei Zündhölzer gleichzeitig an.)
– Wenn ich nicht näher komme, schmilzt die Butter nicht, wir werden etwas Wasser weggießen und später können wir wieder etwas hineingeben.
– Und vielleicht geben wir dann besser warmes Wasser dazu.
– … wir probieren einfach alles.
(Die Tochter schüttet Wasser und Mehl in das Spülbecken und füllt die Schüssel mit warmem Wasser.)
– … (Die Mutter versucht weiterhin, die Butter mit Zündhölzern weicher zu machen.) … jetzt schmilzt sie!
– Wirf es dorthin, damit DU MICH NICHT NOCHMAL VOLLMACHST, Natascha. Du hast mich fast wieder nass gemacht.

– Sieh mal, die Hälfte ist schon geschmolzen … Igitt, wie ekelig! Gib mehr Mehl oben darauf!

– Mehr?

– So sehe ich nichts!

– Jetzt?

– Nein, mehr.

– Genug?

– Mehr! Siehst du denn nicht, dass noch immer die Hälfte hier herausrinnt? Na gut, spielen wir weiter … sieh her, meine Tochter, jetzt muss man gut umrühren.

– Ja, Mama.

– Uff! Meine Güte, ist das schwer! Hilf mir, Pati!

– Mit diesem Kochlöffel? (Tochter hilft!)

– Ich glaube, jetzt funktioniert es … und jetzt, meine Tochter, geben wir noch Kakaopulver dazu, damit es wie Schokolade aussieht. So!

– Ja, Mama … wir brauchen viel mehr, Nati.

– Ich glaube, wir müssen alles, was da ist, dazugeben.

– Und jetzt?

– Fertig … sieht doch toll aus, oder? Gut bedeckt mit Kakaopulver!

– Ja, du hast Recht.

– Klar hab ich das!

– Aber es ist noch nicht gebacken, Nati!

– Wollen wir nicht den Backofen einschalten? Oder eigentlich können wir die Torte auch auf dem Gasherd kochen. Im Backofen geht es ja nur schneller, das ist der einzige Unterschied.

– Ähh??

– Verstehst du, meine Tochter?

– Смотри, почти расплавилось… Ай! Какая гадость! Посыпь сверху мукой.

– Зачем?

– Так не видно.

– Всё?

– Нет, ещё.

– Хватит?

– Больше, девочка! Не видишь, оно ещё выглядывает вон там! Ладно, играем дальше… Смотри, дочка, сейчас нужно хорошо перемешать.

– Да, мама.

– Ух! Тяжело! Помоги мне, Пати.

– Этой ложкой? (дочка помогает).

– Я думаю, что всё… а сейчас, дочка, кладётся сверху какао, чтобы пирог казался шоколадным. Ясно?

– Да, мама…насыпь побольше, Нати.

– Да, я думаю, всю упаковку надо высыпать.

– А теперь?

– Всё… хорошо смотрится, так весь покрыт сверху, правда?

– Да, на настоящий похож.

– Он настоящий.

– Но он не испечён, Нати.

– Это потому, что ты не хотела духовку включать. Может, так он испечётся, потому что ведь для того и нужна духовка, чтоб быстрей всё готовилось.

– Ага…

– Понимаешь, дочка?

– Да, мама... , Нати, наш пирог игрушечный?

– Нет, мы играем понарошку, а пирог настоящий. А что?

– Мы дадим твоей маме, когда она от зубного придёт, правда?

– Давай мы ей ещё кофе с молоком приготовим?!

– Давай! Я умею делать такой, какой мне однажды в баре в Монтевидео приготовили! Хочешь этот приготовим?

– Да, да, да!

– Ja, Mama ... pst, Nati, spielen wir nur, dass wir die Torte machen?

– Nein, wir spielen, aber die Torte ist echt. Warum?

– Dann könnten wir ein Stück deiner Mutter geben, wenn sie vom Zahnarzt zurück ist.

– Wir könnten ihr auch einen Kaffee mit Milch kochen.

– Super Idee! Ich weiß, wie das geht. Ich kann nämlich den Kaffee zubereiten, den wir damals in einer Bar in Montevideo getrunken haben. Möchtest du, dass ich das mache?

– Ja, ja, ja!

Nachricht auf dem Anrufbeantworter

Mami, ich bleib hier bei Sabrina, wir spielen, mach dir keine Sorgen ... hör auf, lass mich in Ruhe! Stoß mich nicht!!! Mami, hol mich sofort ab!

Мама, я у подружки осталась играть. Ты не переживай...Перестань!! Не толкайся!! Ээээй! Мама, прийди за мной!

Der Diebstahl

– Mami, wo ist Rafles?

– Ich weiß nicht, Natascha, such ihn!

– Nein, Mami, ich habe ihn verloren, hilf mir bitte!

– Natascha, ich bin gerade dabei, diese Arbeit zu Ende zu bringen, such du ihn.

– Mama!

(Stille, sie verliert langsam ihre Konzentration.)

– Mama! Bitte hilf mir, jemand hat Rafles gestohlen.

– Natascha! Willst du mir allen Ernstes sagen, dass es jemanden gibt, der diesen Hund stehlen möchte?

– Ein Dieb, Mama! Wer könnte es bloß sein?

– Natascha, nicht einmal der dümmste aller Diebe möchte Rafles stehlen.

– … (Stille, sie sieht beim Fenster hinaus.) MAMA!

– Bitte schrei nicht so, Natascha!

– Ich habe gerade ein Auto gesehen, das beim Häuserblock umgedreht hat. Das sind die, die Rafles gestohlen haben. Mami!

– Niemand hat Rafles mitgenommen! Lass mich das hier beenden, BITTE!

ПОХИЩЕНИЕ

– Мама, где Рафлис?

– Не знаю, Наташа, ищи его сама.

– Нет, мама! Он потерялся! Помоги мне, пожалуйста!

– Наташа, я заканчиваю одну работу, так что ищи сама.

– Мама!

– …(молчание и потеря сосредоточенности).

– Мама, пожалуйста, помоги мне, Рафлиса похитили!

– Наташа, ты хочешь сказать, что эту собаку будет кто-то красть?

– Вор, мама! Кто же ещё может быть?

– Наташа, даже самый глупый вор не стал бы красть Рафлиса.

– …(тишина, смотрит в окно) МАМА!

– По-жа-луй-ста-На-та-ша-не-кри-чи.

– Я видела, как одна машина объезжала кругом весь наш квартал! Это те, кто украли Рафлиса, мама!

– Никто не украл Рафлиса! Дай мне закончить мою работу, по-жа-луй-ста.

– (schluchzt, weinerlich) … es ist dir wichtiger, deine Arbeit fertig zu machen, als Rafles zu retten.
(Stille, Mutter greift sich verzweifelt an den Kopf.)
– Bäh!!!
– O.K., komm, wir suchen ihn.
– Nein, Mami! Wenn sie ihn gestohlen haben, verlieren wir so nur wertvolle Zeit. Wir müssen zuerst die Polizei anrufen!
– Natascha, bitte … mach jetzt kein Drama daraus und hilf mir lieber, ihn zu suchen!
– Ich fang beim Eisschrank an. Nein, besser, ich rufe die Polizei an.
– Du suchst weder im Eisschrank noch rufst du die Polizei an!
(Stille, sie wählt eine Nummer.)
– Natascha! Was soll der Knochen auf dem Sessel in deinem Zimmer?!
– Mama, als die Diebe Rafles mitgenommen haben, haben sie mir keine Zeit mehr gelassen, mein Zimmer aufzuräumen!
– Du lässt den Hund auf deinem Sessel in deinem Zimmer fressen?
– Wenn er nicht brav ist, nicht.
– Wenn er nicht brav ist?! Niemals darf er auf dem Sessel fressen! Er hat alles fürchterlich schmutzig gemacht!
– Mama, ich weiß die Telefonnummer der Polizei nicht.
– Da hab ich ja noch mal Glück gehabt! Hilf mir, ihn zu suchen.
– … (Stille, sie wählt eine Telefonnummer.) Hallo? Pati, Rafles wurde gestohlen!!! Schnell, gib mir die Telefonnummer der Polizei! Es ist ein Notfall!

– (плаксивое шмыкание носом)…тебе важнее закончть работу, чем спасти Рафлиса.
– (молчание, хватается за голову).
– Буаааааааааааааа!!!
– Ладно, пошли по дому его поищем.
– Нет, мама! Если его украли, то мы только время потеряем! Надо звонить в милицию!
– Наташа, прошу тебя… не устраивай скандал и помогай искать.
– Я в холодильнике посмотрю. Нет, лучше позвоню в милицию!
– Не надо ни в холодильнике смотреть, ни в милицию звонить!
– …(тишина, слышно, как нажимаются кнопки).
– Наташа! Что куриные кости делают на диване в твоей комнате?
– Мама, когда воры утащили Рафлиса, он не успел убраться в комнате!
– Ты позволяешь собаке есть на твоём диване?
– Если он плохо себя ведёт, то нет.
– Когда плохо себя ведёт?! Ему никогда нельзя есть на диване! Смотри, в какую гадость все превратилось.
– Мама, я не знаю телефон милиции!
– К счастью! Помоги мне искать.
– …(тишина, слышно, как нажимаются кнопки). Алё? Пати? Рафлиса украли! Дай мне срочно телефон милиции!!!

– Наташа, перестань поднимать тревогу и помоги мне искать!

– Ладно, тогда спроси у своей мамы! Но быстрее, Пати!! Давай!!!

– Наташа, вот твоя собака, спит себе под кроватью... С моими зелёными брюками! Я его прибью!

– Алё?

– ... (бежит к телефону). Дай мне трубку, Наташа. Алё? Кармэн? Как поживаете? Да, простите тревогу по всемирной трагедии... Нет, собака спит под кроватью. С моими брюками, которые я обожала! Да, ладно, чао, потом поболтаем.

– Мама, видела, какой хорошенький Рафлис спящий?

– ... (молчание).

– Мама, мы должны купить ему люлечку; как ты считаешь?

– ... (молчание, молчание, молчание).

– Natascha, alarmier doch nicht die Polizei, hilf mir lieber, den Hund zu finden.

– Gut, dann frag deine Mama! Aber schnell, Pati, los, es ist sehr wichtig!!!

– Natascha, dort ist der Hund, er schläft unter deinem Bett ... auf meiner grünen Hose, na, der kann was erleben!

– Hallo?

– ... (Läuft zum Telefon.) gib mir das Telefon. Hallo Carmen? Wie geht es dir? Entschuldige bitte die Aufregung wegen der Entführung ... nein, der Hund schläft nur unter dem Bett, auf einer meiner Hosen, die er so liebt. Ja gut, tschüs ... wir hören uns später.

– Mami, hast du gesehen, wie süß er schläft, Rafles? (Stille.)

– Mami, wir müssen ihm unbedingt ein Bettchen kaufen, oder?

(Stille, Stille, Stille.)

Was hat er gesagt?

Diese Geschichte sollte mit leiser Stimme gelesen werden.

– Was hat er gesagt, Mami?
– Warum sie sich nicht hinter einem Baum verstecken, bis sie gesehen haben, dass die Jäger vorbeigegangen sind.
– Warum, Mami?
– So sind sie sicher, dass nicht noch mehr Jäger kommen.
– Warum?
– Weil alle vorbeigegangen sind, Natascha, sei jetzt ruhig und sieh dir den Film an.
(Stille.)
(Stille.)
– Mami …
– (Hilfe!) Was ist jetzt los?
– … woher haben sie gewusst, dass es alle Jäger sind?
– Wer?
– Die, von denen du gesagt hast, dass sie sich verstecken würden.
– Nein, Natascha, die, die sich versteckt haben, waren Pedro und der Fuchs.

ЧТО ОН СКАЗАЛ?

Эту историю надо читать шепотом.

– Что он сказал, мама?
– Он сказал: „Почему бы нам не спрятаться за деревом, пока не увидим, как охотники пройдут?"
– Зачем, мама?
– Там они были уверены, что охотники не придут.
– Почему?
– Потому, что все уже прошли. Наташа, смотри фильм молча.
– … (молчание).
– … (молчание).
– Мамочка…
– (спасите). Что теперь?
– … А откуда они знали, что это были все охотники?
– Кто?
– Те, которые, ты сказала, что прятались.
– Нет, Наташа, ть, что пряталисе, были сеньор Педро и Зорро.

Du

– Почему?
– Ты меня с ума свести хочешь?!
Потому что не хотели, чтоб их охотники
увидели, Наташа.

– Warum?
– Du machst mich verrückt, Kind! Damit sie nicht von
den Jägern gesehen werden, Natascha.

– Ja, das weiß ich schon, aber woher haben sie gewusst, dass alle vorbeigegangen sind?
– Ich weiß nicht, Natascha … sie haben sie vorher
gezählt, schau jetzt zu und sei still!

– Да, но как они чзнали, что прошли все?
– Не знаю, Наташа... они их раньше
посчитали. Смотри молча.

– Пока убегали, успели посчитать?
– Наташа, можешь молча смотреть фильм? Нас из кино выгонят.
– …(молчание – размышляет).
– …(молчание – смотрит фильм)
– Мама, если они посчитали охотников пока убегали, то вполне возможно, что они ошиблись, правда?
– …(молчание – пытается смотреть фильм).
– …(молчание – размышляет).
– …(усмехнулась)
– Мама, ты над чем смеёшься?
– Над лицом Зорро. Нати, смотри молча.
– А что с лицом Зорро, мама?
– Не знаю, Наташа. Оно вот такое как бы…
– Какое такое?
– Вот такое, Наташа, я тебе показываю!
– Я не вижу, тут темно!
– Ну тогда смотри на экран, он светлый!
– …(молчание – начинает скучать).
– …(молчание – часть пропустила и теперь не понимает, что происходит).
– Уй, вон идут охотники, мама! Они сейчас что-нибудь им сделают?!
– Они их ищут, чтобы их убить, но они спасутся, не начинай…

– Während sie davongelaufen sind, haben sie sie gezählt?
– Natascha, kannst du dir den Film ansehen, ohne zu sprechen? Man wird uns noch aus dem Kino werfen.
(Stille, sie denkt nach.)
(Stille, sie sieht sich den Film an.)
– Mami, wenn sie die Jäger gezählt haben, als sie davongelaufen sind, haben sie vielleicht aus lauter Angst alles Mögliche gezählt und nicht nur die Jäger! Oder?
(Stille, sie versucht dem Filmgeschehen zu folgen.)
(Ruhe, sie denkt nach.)
– … warum lachst du, Mami?
– Ich lache über das Gesicht des Fuchses, Nati, schau jetzt zu und sei bitte still, ja?
– Was war mit dem Gesicht des Fuchses, Mami?
– Ich weiß nicht, Natascha, es war halb so.
– Wie so?
– So, Natascha, ich mach es ja gerade nach!
– Aber ich sehe es nicht, es ist so dunkel hier.
– Dann sieh wieder auf die Leinwand, dort ist es schön hell und man sieht alles klar und deutlich!
(Ruhe, sie beginnt sich zu langweilen.)
(Ruhe, sie hat einen Teil des Films nicht mitbekommen und versteht jetzt nicht, was passiert.)
– Uih, dort kommen die Jäger, Mami! Werden sie ihnen etwas tun?
– Sie suchen sie, um sie zu töten, aber sie werden sie nicht finden, fang nicht an …

– Das will ich nicht sehen, Mami!

– Natascha, bitte, mach jetzt kein Theater, bleib ruhig und sieh dir den Film an!

– Ich halte mir die Augen zu!

– Mach das, aber frag mich dann nicht, was passiert.

(Stille, sie hält sich die Augen zu.)

(Eins, zwei, drei, vier, fünf …)

– Was passiert, Mami?

– (Sie verdeckt ihr Gesicht mit den Händen). Ich wusste es, ich wusste es!

– Mami, was passiert?!

– Natascha, ich gehe nie wieder mit dir ins Kino!

– Was passiert? Sag es mir, Mami!

– Die Jäger sind vorbeigegangen und haben sie nicht entdeckt, und dann machte der Fuchs plötzlich ein Geräusch. Einer der Jäger hat sich umgedreht, aber er hat sie nicht gesehen.

– …

– …

– Diese Jäger sind Blödmänner!

– … ?!Was??!!

– Ja, Mami, sie sind Blödmänner, sie sind an ihnen vorbeigekommen und haben sie nicht gesehen.

– Was macht das schon, Natascha? Das Wichtigste ist doch, dass Pedro und der Fuchs gerettet sind, oder?

– … Pedro und der Fuchs sind auch Blödmänner.

(Hilfe!)

(Sie beginnt unter ihrem Kinositz etwas zu suchen.)

– Не хочу смотреть, мамочка!

– Наташа, не будь скандалисткой, пожалуйста. Сиди молча, и спокойно смотри кино.

– Я закрою глаза!

– Закрой, только потом не спрашивай меня, что произошло.

– (молчание – закрывает лицо руками).

– …(раз, два, три, четыре, пя…).

– Что произошло, мама?

– (берёт лицо в руки) Я ведь знала, клянусь, что я знала.

– Мама! Что там произошло?

– Наташа, я никогда больше не пойду с тобой в кино.

– Что там случилось? Мам, скажи.

– Прошли охотники, но не увидели их. Тут Зорро сделал какой-то шум, один из охотников обернулся посмотреть, но всё равно ничего не увидел.

– …

– …

– Эти охотники ненормальные.

– …?! Что?!

– Да, мама, ненормальные. Эти рядом прошли, и они их не заметили.

– Какая разница? Важно то, что Педро и Зорро спаслись. Разве не так?

– Педро и Зорро тоже ненормальние.

– …(спасите).

– …(что – то начала под креслом искать).

– Наташа, ты что делаешь?

– … мама, упала конфетка.

– С полу не поднимай. Наташа! Какая гадость!

– … но мама, это последняя. Всё, я её уже нашла!

– Наташа, ты ведь даже не уверена, твоя ли это.

– Пока не попробую, как я узнаю?

– Выбрось ты это, пожалуйста!

– Уф…

– … (молчание – не помнит, что за фильм смотрела)

– … (молчание – смотрит кино).

– … (молчание – хочет, чтоб фильм уже закончился).

– Мама, мне надо в туалет.

– Да, пошли, но в тот, что дома!

– Нет, мама! Ты мне обещала, что пойдём в кино, а теперь хочешь уйти раньше времени? Какая же ты! Буааааааааааааа!

– Natascha, was machst du?

– … mir ist das Bonbon hinuntergefallen, Mami.

– Nein, heb es nicht vom Boden auf, Natascha! Wie ekelig!

– … aber es war das letzte, Mami, ich werde es schon finden!

– Natascha, du weißt nicht mal, ob es auch wirklich deines ist!

– Und wenn ich es nicht probiere, wie soll ich es jemals wissen, hm?

– Wirf es weg, bitte!

– Uff …

(Stille, jetzt erinnert sie sich nicht einmal mehr daran, welchen Film sie sieht.)

(Stille, sie sieht sich den Film an.)

(Stille, sie möchte, dass der Film so schnell wie möglich endet.)

– Mami, ich möchte aufs Klo gehen.

– Ja, wir gehen, aber nach Hause!

– Nein, Mami, du hast mir versprochen, dass wir ins Kino gehen, und jetzt möchtest du früher nach Hause gehen! Siehst du, so bist du! Pffffffffffff!

Die innere Stimme

– Mami, die Stimme, die du im Kopf hast, ist das die gleiche Stimme, die du draußen hörst?

– … (hä?) Wie?

– Ja, sieh mal, hörst du die Stimme, die du im Kopf hast, wenn du denkst?

– … ja.

– Ist sie genau so oder anders, als die Stimme, die du hörst, wenn du sprichst?

– Hm … ich glaube, sie ist genau so, ich weiß nicht, ich habe noch nie darüber nachgedacht. Ja, aber ich meine, sie sind gleich. Warum?

– Weil meine Stimme manchmal so ist wie die von Pati, manchmal so wie deine und manchmal wie meine …

– Nun …

– Aber am wenigsten ist sie so wie meine, weil manchmal schreie ich nämlich oder ich spreche schnell und meine Stimme hier drinnen spricht immer so sanft, nie schnell, sie ist immer gleich.

– Aber Nati, es ist nicht so, dass deine innere Stimme wie die von Pati ist, sondern es ist so, dass du dich an die Stimme von Pati erinnerst, und dann kommt es dir so vor, dass du sie in deinem Kopf hörst.

– Мамочка, голос, что у тебя внутри, похож на тот, что снаружи?

– …(ай) Что?

– Да, мама. Ты замечала голосок в голове, когда думала?

– …да.

– Он похож на голос, которым ты разговариваешь, или нет?

– Мм, я думаю, похож. Не знаю, я никогда не задумывалась… да, кажется, он такой же. А что?

– То, что мой иногда похож на Патин, иногда на твой, иногда на мой…

– Это…

– … но не очень сильно на мой голос похожий, потому что я кричу и быстро говорю, а голос, что внутри, всегда вот так, спокойно, не торопясь говорит, всегда одинаково.

– Но, Нати, это не то, что твой внутренний голос похож на Патин, а то, что ты иногда вспоминаешь Патин голос и как бы слышишь его у себя в голове.

– Но я слышу, как он говорит вещи, которые Пати никогда мне не говорила.
– Значит ты воображаешь то, что Пати могла бы сказать, и её голос себе представляешь.
– …(ммм).
– …
– Один раз я себе представила что-то, что мне Пати говорила, но вместо Патиного голоса слышала бабушкин.
– Правда? А мне однажды приснился тапочек, который стал со мной разговаривать тётиным голосом.

– Aber ich höre sie Sachen sagen, die mir Pati nie gesagt hat.
– Dann stellst du dir Sachen vor, die Pati sagen könnte, mit ihrer Stimme.
(Hm.)
– …
– Einmal habe ich an etwas gedacht, das mir Pati gesagt hat, aber gehört habe ich die Stimme von Oma.
– Nein, ist nicht wahr! Und ich habe einmal von einem Pantoffel geträumt, der zu mir mit Tantes Stimme gesprochen hat!

– Ist ja toll, Mami! Und ich habe einmal die Stimme von meinem Onkel gehört, aber es war niemand hier drinnen, es war nichts als nur seine Stimme …

– Wie seltsam, Nati! Und ich habe einmal eine Stimme gehört, die nicht sprach und auch keinen Laut von sich gab.

– Und wie hast du gewusst, dass es eine Stimme war, wenn sie keinen Laut von sich gegeben hat?

– Weil ich ihre Augen sah!

– War es eine Stimme oder eine Person?

– Nein, es war schon eine Stimme.

– Stimmen haben keine Augen!

– Na gut, ich habe die Augen nicht gesehen, aber ich wusste so ungefähr, wo ihr Bauch war.

– Du hast den Bauch gesehen?!

– Na ja, den Bauch nicht, aber ich habe das Geräusch gehört, das der Bauch macht.

– Der Bauch macht auch ein Geräusch, Mami?

– Zwei verschiedene, Nati!

– Zwei????

– Ja, zwei, Nati, aber man hört sie nicht!

– Wie hast du sie gehört, wenn man sie nicht hören kann? Mami, du schwindelst!

– Natascha! Du denkst, ich lüg dich an? Ich sag dir die Wahrheit!

– Und was hat dir die Stimme gesagt, Mami?

– Sie spricht so, Nati, ganz leise, sehr, sehr leise …

– Und was hat sie zu dir gesagt?

– Как здорово, мама! А я однажды слышала дядин голос, но нигде никого не было, только голос…

– Как странно, Нати! Я однажды слышала голос, который не говорил и не делал никаких звуков.

– Мама, а как ты знала, что это был голос, если он никаких звуков не делал?

– Потому что я посмотрела ему в глаза.

– Это был голос или человек?

– Нет, это был голос.

– У голосов нет глаз!

– Ну, я глаз не видела, но более-менее подсчитала где они, учитывая положение его брюшка.

– Ты его брюшко видела?!

– Нет, само брюшко нет, я услышала урчание в брюшке.

– В брюшке ещё и урчание слышно было?

– Два урчания, Нати.

– Как два урчания???

– Да, Нати, два урчания, но их было не слышно.

– А как ты их услышала, если их было не слышно? …Ты меня обманываешь, мама!

– Натааааааааааааааша! Что мне тебя обманывать? Я тебе просто одну вещь расказываю.

– И что тебе этот голос говорил, а мам?

– Он со мной вот так разговаривал: очень тихо, очень, очень, очень тихо…

– И что он тебе говорил?

– (шепотом) Не разговаривай громко, потому что я не хочу, чтобы голос меня услышал.
– (шепотом) Мама, что он говорил?
– (шепотом) Наташа должна принять ванну...
– Мама! Ух! Это была шутка!
– Нет, Нати, я клянусь! (шепотом) Он мне вот так говорил: „Наташа должна принять ванну, потому что она грязная...".
– Нет, мама! Серьёзно! Смотри, а то если врёшь, у тебя нос вырастет!
– (шепотом) и мой голос мне говорил: „Ой, хоть бы у нас не вырос нос, а то Наташа ещё не помылась и пахнет ужасно".
– Я не хочу мыться!
– (тишина).
– ...о чем ты думаешь?
– ...прекрасно, не мойся.
– Почему???!!!
– Не хочу, чтоб ты мылась!
– ... !!!??? Но... ты уверена?
– Наташа, я тебе запрещаю мыться!
– ...
– ...
– ... и что? А если я хочу помыться, что тогда?
– Я тебе не позволю.
– А я все равно пойду.
– Но я тебе не дала разрешение, Наташа.
– (бегом) Мама!!! Я уже снимаю одежду!!!

– (Sie flüstert.) Sprich nicht so laut, Nati, ich will nicht, dass mich die Stimme hört.
– (Sie flüstert.) Und was hat sie gesagt, Mami?
– (Sie flüstert.) Natascha muss ein Bad nehmen ...
– Mami! Uff! Das ist ein Scherz!
– Nein, Nati! Ich schwöre es dir! (Sie flüstert.) Sie hat mir gesagt, Natascha muss sich baden, weil sie sehr schmutzig ist ...
– Nein, Mami, jetzt im Ernst! Wenn du schwindelst, wird deine Nase wachsen!
– (Sie flüstert.) Und die Stimme hat mir gesagt: Uh! Hoffentlich wächst nicht unsere Nase, weil sich Natascha nicht badet und ganz fürchterlich riecht!
– Ich möchte mich nicht baden.
(Stille.)
– ... Was denkst du?
– ... Gut, du badest nicht.
– Warum???!!!
– Ich möchte nicht, dass du badest!
– ... ???!!! Aber ... sicher?
– Natascha, ich verbiete es dir, zu baden!
– ...
– ...
– ... Und was ist, wenn ich aber trotzdem baden möchte?!
– Ich lass dich nicht.
– Und ich geh trotzdem.
– Aber ich erlaube es dir nicht, Natascha.
– (Sie läuft davon.) Mami!!! Ich ziehe mich schon aus!!!

– Natascha, geh nicht in die Badewanne!
– (ha, ha, ha) Mami, ich habe das Wasser aufgedreht!
– Steig sofort aus der Wanne, Natascha!
– (ha, ha, ha) Ich bade schon!!!

– Наташа, не мойся!\
– (хи,хи,хи) Мама!!! Я уже воду пустила!!!
– Выходи из ванны, Наташа!
– (хи,хи,хи) А я уже моооооюсь!!!

Die Geschichte

– Nati, was machst du?

– Ich denke gerade an eine Aufgabe, Mami … die Lehrerin hat uns das Ende einer Geschichte erzählt.

– Und, wie ist das Ende?

– Das geht so: „ … und schließlich haben die Geschwister den Weg nach Hause gefunden, wo ihre Eltern schon freudig auf sie warteten."

– Aha, und welche Geschichte hast du dir dazu ausgedacht?

– Die von dem Film, den wir einmal gesehen haben. Weißt du noch, Mami, die von dem Jungen, dem Wolf und den Jägern.

– Und was hat der Film mit dem Satz zu tun, den die Lehrerin gesagt hat?

– Der Satz, den die Lehrerin gesagt hat, kommt zum Schluss. Weißt du, sie hat gesagt: „ … und schließlich …"

– Aber Nati, wie kann die Geschichte vom Jungen und seinem Wolf zum Satz mit den Geschwistern passen, die ihr Haus finden?

– Ach Mami! Das geht so: Zuerst erzähle ich ihnen die Geschichte vom Film, und wenn die Geschichte fertig ist, dann sage ich einfach den Satz der Lehrerin!

– Нати, ты чем занимаешься?

– Я думаю об одном упражнении, что нам в школе задали, мама… учительница нам рассказала конец одной истории, а мы должны придумать начало.

– И какой конец вам учительница рассказала?

– Вот этот: „… и в конце концов два брата нашли дорогу домой, где их радостно ожидали родители."

– Ага. Ну и какую историю ты придумала?

– Ту, которая в фильме была. Ты помнишь, мама, которая про мальчика и волка и охотников.

– И что общего между этим фильмом и историей, что вам учительница дала?

– Та фраза, что нам учительница дала, идет в конце, мама, она нам её дала, чтоб мы её в конце поставили. Не видишь говорится, „… в конце концов"?

– Я тебе и говорю, как может история про мальчика и волка кончиться тем, что два брата вернулись домой?

– Ай, мама! Это намного проще! Сначала я им расскажу фильм, а потом, когда пойму, что заканчиваю, вставлю фразу учительницы.

– Но, послушай меня, Нати. Ты не можешь рассказать историю про волка и его друга, которые скрывались от охотников, и ни с того ни с сего вставить фразу твоей учительницы.

– Почему нет?

– Потому что не понятно, откуда появились братья, которых ждут родители, если ты расскажешь историю из фильма.

– А я откуда знаю, мама? Спроси у учительницы!

– Как спроси у учительницы?!

– Конечно, мама! Это ведь она хочет, чтоб фраза эта в конце истории была! Откуда я знаю, зачем она этого хочет!

– Нати, она не эту фразу хочет, она тебе любую говорит, чтоб ты подумала и придумала историю.

– А откуда ты знаешь?

– …потому что это так, Нати. Она тебе такое задание даёт. Как может быть иначе?

– Я откуда знаю… может, она не смотрела фильм, и ей его рассказали, и теперь она хочет знать, как он начинался. Или вместо того, чтоб идти в кино, она что-то себе купила, а нас просит, чтобы мы ей рассказали фильм: так она экономит. Но если мы её попросим, чтобы она поделилась тем, что купила, она наверняка не поделится, но хочет, чтобы мы ей рассказали начало фильма, да?

– Aber hör mal, Nati, du kannst doch nicht einfach die Geschichte vom Wolf und seinem kleinen Freund erzählen und wie sie von den Jägern verfolgt werden, und plötzlich sagst du den Satz der Lehrerin!

– Warum nicht?

– Warum? Woher kommen denn die zwei Geschwister so plötzlich, auf die ihre Eltern warten, wenn du vorher eine ganz andere Geschichte erzählt hast?

– Was weiß ich, Mami! Frag doch die Lehrerin!

– Was heißt da, frag doch die Lehrerin?

– Ja klar, Mami! Sie will, dass wir diesen Satz sagen, was weiß ich, warum sie das will!

– Nati, es ist doch nicht so, dass ihr dieser Satz gefällt. Sie hat einfach irgendeinen Satz gesagt und möchte, dass ihr eine Geschichte dazu erfindet.

– Und wieso weißt du das?

– … weil das so ist, Nati, sie gibt euch eben diese Aufgabe. Warum sollte sie das sonst tun?

– Was weiß ich … vielleicht hat sie den Film nicht gesehen und irgendwer hat ihr den nur bis zur Hälfte und ganz schlecht erzählt und nun will sie den Anfang vom Film hören. Oder statt ins Kino zu gehen, hat sie sich dafür was anderes gekauft und jetzt will sie, dass wir ihr den Film erzählen, denn so hat sie das Geld gespart! Aber mit uns teilen möchte sie sicher nicht, auch wenn wir sie darum bitten, aber den Anfang vom Film will sie schon von uns wissen, oder?

– ...(спасите) Нет, Нати, это для развития твоего воображения.

– Ладно, мама! Я развиваю свое воображение, рассказывая ту часть фильма, которая интересная!

– Но, любовь моя, тебе надо использовать фразу, которую она тебе дала.

– А Я НЕ ВИНОВАТА, ЧТО ОНА ЭТУ ФРАЗУ ПРИДУМАЛА!!!

– Это такое задание, и ты его плохо поняла, Наташа!

– Я не плохо поняла! Дело в том, что эта фраза очень скучная по сравнению с фильмом!

– Наташа, как она может быть скучной – это всего лишь фраза?!... Ты её можешь поставить в любой контекст, какой хочешь... можешь сделать так, что это были два брата, но они не люди... два пса, или две швабры.

– ...! Ой! Это здорово! Это могут быть два дома-брата!

– Дома не двигаются, Нати. Как они найдут дорожку домой?

– Это так, мама!

– Лучше придумай что-нибудь, что двигается... два брата носорога или братья велосипеды.

– Вот! Два брата – велосипед и швабра!

– Нати, как могут быть братьями велосипед и швабра?

– (Hilfe) ... nein, Nati, du sollst mit der Geschichte deine Fantasie entwickeln.

– Na gut, ich entwickle meine Fantasie, indem ich diesen Teil des Films erzähle.

– Aber Schätzchen, du musst den Satz verwenden, den sie gesagt hat.

– UND WAS KANN ICH FÜR DIESEN SATZ!!!

– Es ist eine Hausaufgabe, du verstehst das falsch, Natascha!

– Nein, ich verstehe das nicht falsch. Es ist nur so, dass dieser Satz todlangweilig ist, aber der Film war viel besser!

– Natascha, wie kann das todlangweilig sein, es ist ja kaum ein Satz ... du kannst ihn vervollständigen, wie du willst ... du kannst schreiben: Es waren einmal zwei Geschwister, aber es waren keine Menschen, sondern zwei Hundegeschwister oder zwei Besen, die Geschwister waren.

– ... Uih! Das ist super! Es können zwei Häuser gewesen sein, die Geschwister waren.

– Häuser bewegen sich nicht, Nati. Wie können zwei Häuser den Weg zurück nach Hause finden?

– Na, so eben!

– Nimm lieber Sachen, die sich bewegen ... zwei Nilpferd-Geschwister oder zwei Fahrrad-Geschwister ....

– Ja, das ist es! Ein Besen und ein Fahrrad-Geschwisterpaar!

– Nati, wie können ein Fahrrad und ein Besen Geschwister sein?

– Weil sie in der gleichen Fabrik gemacht worden sind, Mami! Verstehst du? Und sie haben sich verloren, und weil sie neu sind, hat man sie in Schachteln und Geschenkpapier eingepackt und dann hat man sie verpacken mitgenommen.

– … verpackt mitgenommen.

– … ja, als Geschenk. Aber wegen dem Geschenkpapier haben sie nicht gesehen, welcher Weg nach Hause führt …

– … und sie konnten nicht fragen, weil sie nicht sprechen konnten …

– Ja! Und dann merkte der, der mit dem Fahrrad gefahren ist, dass sein Fahrrad nicht dorthin fährt, wo er hinmöchte, und die, die den Besen hatte, hat gefühlt, dass ihr Besen fegte, äh … fegte …

– … und so versuchte, auf die Straße zu gelangen!

– Super, Mami! Ich ruf Pati an … (Sie läuft zum Telefon.) Hallo? Pati? Hast du dir schon eine Geschichte ausgedacht? … Nein! Macht nichts! Hör mal, meine Mama hat mir gesagt, dass ich alle möglichen Geschwister nehmen kann. Verstehst du? Ich habe mir eine Geschichte mit einem Besen und einem Fahrrad, die Geschwister sind, ausgedacht. Weißt du! Du kannst aber auch einen Berg und ein Flugzeug nehmen, und die sind dann Geschwister, was du willst … Ja! Sicher! Nein, Pati, die Lehrerin wird uns nicht schimpfen und wenn doch, dann sagen wir ihr, dass meine Mama gesagt hat, dass wir das so machen können und fertig, verstehst du?

(Die Mutter beißt sich auf die Zunge.)

– Потому что их выпустили на одной и той же фабрике, мама, какая разница? Они потерялись, потому что были новенькили. Их обернули в подарочную бумагу и вывели на улицу обёрнутыми…

– Обёрнутыми.

– Да, в подарочную бумагу; и поэтому они не видели, куда их несли, и конечно, не знали дорогу назад…

– … и не могли спросить, куда идти, потому что не разговаривали…

– Да! Тогда хозяин велосипеда увидел, что его велосипед не ехал куда надо. А хозяйка швабры заметила, что швабра мела… эээ… мела…

– Мела в другой квартал…

– Да, мама, здорово!

– Я позвоню Пати… (бежит к телефону) Алё? Пати? Ты уже придумала историю?... Нет, девочка! Не надо! Слушай, мне сказала моя мама, что мы можем любых братьев придумать. Понимаешь?! Я придумала про братьев, велосипед и швабру, видишь? Можешь придумать братьев самолет и гору, или что угодно… Да! Точно! Нет, Пати, учительница не будет возражать. А если будет, то мы скажем, что нам моя мама сказала, что так можно, и всё. Видишь?!

– … (мама прикусывает язык).

Mental

– Hey, Pati, lass uns ein Experiment machen!

– Ja!

– Ich werde ganz stark an etwas denken … so stark, dass es dann in deinem Kopf ist und du es erraten kannst.

– Nein, mach nicht, dass es in meinen Kopf reinkommt, weil dann bin nicht ich es, die es errät, sondern du hast es in meinen Kopf hineingesetzt!

– Na ja, wenn man etwas erraten möchte, geht das so! Man setzt etwas aus einem anderen Kopf in deinen.

– Aber nein, so nicht! Erraten heißt, dass du dich in den Kopf eines anderen hineinsetzt, um zu sehen was der denkt.

– … und wenn du eine Idee in den Kopf eines anderen setzt, wie heißt das dann?

– Weiß ich nicht, aber es muss so wie fernsehen sein.

– Na gut, nennen wir es einfach fernsehen und fertig. Was willst du nun spielen, Pati, raten oder fernsehen?

– Zuerst raten, fang an, denk an was!

– Смотри, Пати, давай сделаем эксперимент.

– Да!

– Я буду о чём-то сильно, сильно думать, так чтоб оно вошло в твою голову, и ты догадалась, о чём.

– Нет, девочка, не надо ничего мне в голову запускать, а то получится, что не я догадалась, а ты мне в голову засунула.

– Ну ты даёшь, девочка! Догадка в этом и состоит! Что-то из чужой головы входит в твою.

– Нет, девочка, ничего подобного! Догадываться – это когда ты залезаешь в чужую голову, чтобы посмотреть, о чём она думает.

– … а когда ты какую-нибудь идею засовываешь кому-то в голову, как это называется?

– Не знаю, но должно быть что-то похожее на телевидение.

– Ну хорошо, давай так и назовём

– телевидение и всё. Ну, во что ты хочешь играть, Пати? В догадывание или в телевидение?

– Давай сначала в догадывание. Давай, думай о чём-нибудь.

– Да, я уже.
– Нет, Наташа!!! Ты дольше должна думать, а то я зайду к тебе в голову, а там ничего не будет. Это не честно! Давай, заново думай.
– Хорошо.
– Но не думай слишком сильно, а то в мою голову может попасть.
– Ой, Пати! Начинай уже! Я уже четыре часа думаю! Давай…
– Ну давай… (напряжённое лицо).
– … (сконцентрированное лицо).
– (открывает один глаз и подсматривает)… Нати, ты напрягаешься?
– Да нет же, Пати! Давай, а то я устану столько об одном и том же думать.
– Мм…(напряжённое лицо).
– …(чистая тишина).
– Мм…(напряжённое лицо).
– Пати, зачем ты ммыкаешь?
– Чтобы лучше думать, девочка, давай.
– Нет, хватит уже, говори, о чём я думала.
– О мороженом.
– Ничего подобного, Пати! Ты уловила то, о чём я думала вчера!
– Может потому, что ты продолжала и сейчас об этом думать, девочка!
– Нет, дело в том, что-то, о чём я думала вчера, наверняка находилось где-то рядом с тем, о чём я сейчас думала, и ты в спешке схватила первое, что попалось.

– Ja, mach ich schon. Fertig!
– Nein, Natascha. Du musst schon etwas länger daran denken, weil sonst setz ich mich in deinen Kopf und da ist dann nichts. Das ist eine Falle! Also, fang wieder von vorne an und denke.
– O.K.
– Aber nicht so stark, dass es sich in meinen Kopf setzt.
– Uff, Pati! Also wirklich, jetzt denke ich schon seit vier Stunden … los …
– Jetzt bin ich so weit.
(Gesicht, das sich sehr anstrengt.)
(Konzentriertes Gesicht.)
– (Sie öffnet ein Auge und spioniert.) … Nati, streng dich an!
– Uff, nein, Pati, es ist anstrengend, wenn ich immer an dasselbe denke.
– Hm …
(Gesicht, das sich sehr anstrengt.)
(Komplette Stille.)
– Pati, warum machst du hm … ?
– Damit ich besser denken kann, los!
– Na gut, sag mal, woran denkst du?
– An ein Sahneeis!
– Das hat nichts damit zu tun, Pati. Du hast was erwischt, woran ich gestern gedacht habe.
– Vielleicht denkst du immer noch daran?
– Nein, weil ich gestern daran gedacht habe, kann es sein, dass ich dem heute noch so nahe war, und du hast einfach schnell nach dem gegriffen, was du zuerst gesehen hast!

– Я видела, что ты думала о мороженом и о тапочке.

– ... о тапочке я не думала, Пати.

– Тогда, может, ты через некоторое время об этом подумала бы.

– Давай ролями поменяемся. Нет! Ещё лучше идея! Пошли попросим мою маму позволить, что-нибудь ей в голову сунуть!

– Как здорово, Нати!

– Мамочка!!! Ма..!!!

– Что случилось, бутоньчики вы мои? Что сломалось?

– Нет, ничего, мама. Послушай, мы с Пати проведём эксперимент. Ты должна стоять... смотри, сядь сюда, так? И ничего не делай, так просто сиди, ага? И тогда мы вместе с Пати будем о чём-то думать, и это что-то зайдёт к тебе в голову, а потом мы угадаем.

– ...???

– Нет, Наташа, это она нам должна будет сказать, что мы ей в голову занесли.

– Ай, да! Да всё равно! Мам, ты поняла?

– И когда это вы успели в телепатию вдариться?

– Нет, сеньора, это называется телевидение. Подойди, Нати, я тебе скажу, о чём думать... (пспспспс).

– Нет, лучше это... (пспспспс).

– Ich habe gesehen, dass du an ein Sahneeis und an einen Hausschuh gedacht hast.

– ... an einen Hausschuh habe ich nicht gedacht, Pati.

– Na gut, vielleicht denkst du erst in einer Weile daran.

– Lass uns tauschen. Nein! Ich habe eine viel bessere Idee! Wir werden meine Mama fragen, ob wir was in ihren Kopf setzen dürfen!

– Super Idee, Nati!

– Mami! Ma... !!!

– Was ist los mit euch, meine kleinen Heldinnen! Ist was kaputt gegangen?

– Nein, nichts, Mami! Hör mal, wir werden ein Experiment mit Pati machen. Du musst hier stehen ... sieh mal, setz dich dorthin, ja? Du darfst nichts machen, du bleibst sitzen, ja? Pati und ich denken gemeinsam an etwas, und wir setzen es in deinen Kopf und danach erraten wir es.

– ... ???!!!

– Nein, Nati! Sie sagt uns, woran wir gedacht haben!

– Ah ja! Das ist das Gleiche, hast du das verstanden, Mami?

– Und wenn ich es euch mittels Telepathie sage? Also mit Gedankenübertragung?

– Nein, das nennt man fernsehen! Komm, Nati, ich sag dir, woran wir denken ... (Sie flüstern sich etwas ins Ohr.)

– Nein, besser das ...

(Sie flüstern sich wieder etwas ins Ohr.)

– … Pspspspspspspsp.

– … Pspspspspspspsp.

 (Stille, die Mutter blickt zur Decke.)

– Fertig, Mami! Mach die Augen zu!

– Aha, mit geschlossenen Augen?

– Ja, Mami, sonst geht es nicht in deinen Kopf hinein. Los, Pati, fangen wir an!

– Hm … (Eine nach der anderen)

– Wenn ihr diesen Lärm macht, wird das Einzige, das in meinen Kopf hineinkommt, eine Kuh sein!

– Los, Mami! Jetzt wird es ernst! Wir fangen nochmals von vorne an … hmhmhm …

(Stille, die Augen haben sie geschlossen.)

– (Sie flüstern.) Stärker, Nati, … hmhmhm…!

– (beide) Hmmmmmmmmmmmmmmmm!!!

(Die Mutter blickt zur Decke.)

– Fertig! Was haben wir in deinen Kopf gesetzt?

– … äh … eine Wolke.

– Nein, leider nicht.

– Eiiiin Auto.

– Nein, Mami, doch nicht das!

– Äh … (Hat eine Idee) Ist es im Himmel, auf der Erde oder im Meer?

– Es ist im Meer, Mami! Weiter so.

– Ist es wie ein Fisch, ein Schiff oder ein Mensch, der im Wasser ist?

– Es ist ein Fisch. Sie schafft es, Pati!

– Äh … ein Wal!

– …(пспспспс).

– …(пспспспс).

– …(молчание… мама смотрит в потолок).

– Все!! Закрой глаза, мама.

– А надо с закрытыми глазами?

– Да, мама, а то не залетит. Давай, Пати! Начинаем!

– Мммм… (хором).

– Если вы будете такие звуки издавать, единсвенное, что мне в голову может залететь, так это корова.

– Мама! Давай серьёзно! Начинаем заново… Мммм…

– … (молчание, глаза у всех закрыты).

– (шёпотом) Сильнее, Нати… МММM…!

– (вдвоём) МММMMMMM…!!!

– … (мама смотрит в потолок).

– Все!! Что мы тебе в голову запустили, мама?

– … Ай, эээ… облако?

– Нет, сеньора.

– Эээ… машину?

– Нет, мама! Ты думаешь правильно.

– Эээ… (идея) Это в воздухе, на суше или в море?

– В море, мама! Ты хорошо идешь!

– Это рыба, судно или человек, который в море вошел?

– Это что-то типа рыбы! Она догадывается, Пати!

– Эээ… это кит!

– Нет, сеньора, начинается с буквы Д!!!
– Дельфин!
– ДА, БРАВО!!! ЗДОРОВО!!! УРА!!!
(прыгают и обнимаются).
– Здорово, сеньора! Вы сами догадались или почувствовали, что мы вам это в голову запустили по телевидению?!
– Нет! Ничего подобного! Я догадалась! Я чувствовала, как ваше телевидение мне на голову действовало!
– ЗДОРОВО, ПАТИ! РАБОТАЕТ!
– Пойдём ко мне домой, Нати, попробуем с моей бабушкой!
– Замечательно… Пати! Я знаю одну девочку, которая знает, где находится телевидение! Понимаешь? Мы можем пойти на телевидение и оттуда попробовать то же самое с твоей бабушкой!
– Здорово, Нати! Пошли!
– … (мама молча бежит к телефону).

– Nein, es fängt mit „De" an!!
– Ein Delfin?
– JA, SUPER, BRAVO!!! HURRA!!!
(Sie hüpfen und umarmen einander.)
– Sehr gut, Mami! War es so, dass du es übers Fernsehen erraten hast oder hast du es eher gefühlt?
– Nein, gar nicht. Ich habe es einfach erraten! Ich habe gefühlt, dass es mir dein Fernseher in den Kopf gesetzt hat!
– SUPER, PATI, ES FUNKTIONIERT!
– Komm, Nati, gehen wir zu mir nach Hause und lass es uns an meiner Oma ausprobieren!
– Klasse … Pati! Ich kenne ein Mädchen aus der Vierten, die kennt die Telefonnummer vom Fernsehen! Verstehst du? Wir können zum Fernsehen gehen und es dort mit deiner Oma machen.
– Super Idee, Nati! Komm schon!
(Stille, die Mutter läuft zum Telefon.)

Das Telefonkabel

– Natascha! (Ich werde dich tadeln.)
– Ja? (Oje.)
– Sieh mal hier, das Telefonkabel.
– Ja, was ist damit?
– Wie, was ist damit?
– Es ist grau!
– Es ist völlig durchgebissen … das meine ich!
– Ich war´s nicht!
– Na, du bist lustig! Es war natürlich dein Hund, von dem habe ich wirklich genug!
– Weißt du, er lernt gerade sprechen.
– Ich möchte, dass er heute aus dem Haus verschwindet!
– Nein, Mami! Er lernt doch jetzt sprechen, und er glaubt noch immer, dass man durch das Telefonkabel spricht, aber du wirst sehen, ich erkläre ihm, dass man die Stimme durch den Hörer schickt und fertig.
– Schau, Nati, den, den ich durch den Hörer schicke und fertig, ist dein Hund.
– Nein, Mami, bitte, er ist ein guter Hund.
– Er ist ein guter Hund, aber er ruiniert zu viel, Nati, das geht nicht.

– Наташа! (сейчас я тебя накажу).
– Да? (ой...)
– Посмотри на телефонный шнур!
– Что с ним?
– Как что с ним?
– Он серый?
– Он весь покусан!... Вот что с ним!
– Это не я!
– Не строй из себя шутницу! Это твой пёс! Как он мне уже надоел!
– Дело в том, что он учится говорить.
– Я хочу, чтоб он ушел из моего дома сегодня же!
– Нет, мамочка! Он учится говорить. Он пока думает, что дело в проводе, но ты увидишь, я объясню ему, что голос должен идти в трубку, и всё.
– Смотри, Нати, тот, кто пойдет в трубку и всё, так это твой пёс.
– Нет, мама, пожалуйста, он ведь хороший.
– Он хороший, но хулиган, Нати... нельзя так.

– Дело в том, что он видит, что когда мы по телефону разговариваем, мы с ним не играем, и завидует. Тогда он кусает телефонный шнур, потому что ревнует нас, потому что мы с ним не играем, и разговариваем с людьми по телефону. Видишь?

– Что я вижу, так это то, что ты говоришь всё хуже и хуже. Тысячу раз повторила одни и те же слова.

– Дело в том, что он винит во всём телефон, мама, он ревнует. Но увидишь, я ему объясню, что телефон не виноват в том, что мы по телефону болтаем с людьми.

– ... а потом он пойдёт кусать шнур и людей.

– Нет, я ему не скажу, с кем мы разговариваем.

– Да, но Рафлис слышит имена людей, когда мы с ними здороваемся, и узнает их на улице.

– Нет, мама, мы можем говорить другие имена и всё.

– Нет, Наташа. Так люди подумают, что ошиблись номером и повесят трубку.

– Нет, они нас узнают по голосу.

– Да, но подумают, что мы с ума сошли.

– Нет, мы можем пойти по домам, объясняя, что мы их называем другими именами из-за того, что Рафлис ревнует к телефону, а мы не хотим, чтобы он их узнал и покусал.

– Weißt du, es ist so, er sieht, dass wir mit dem Telefon sprechen und dann nicht mit ihm spielen. Er wird eifersüchtig und beißt ins Kabel, weil er eben eifersüchtig ist, dass wir nicht mit ihm spielen und dann sprechen wir mit den Leuten und er ist wieder so eifersüchtig, verstehst du?

– Was ich verstehe, ist, dass du dich immer mehr verstrickst und tausend Mal dieselben Wörter wiederholst.

– Weißt du, Mami, er gibt dem Telefon die Schuld, und daher ist er eifersüchtig, aber du wirst schon sehen, ich werde ihm erklären, dass das Telefon keine Schuld hat, sondern dass wir mit anderen Leuten nur über das Telefon sprechen.

– ... und danach beißt er nicht nur ins Kabel, sondern auch die anderen Leute.

– Nein, ich werde ihm nicht sagen, mit wem wir sprechen.

– Ja, aber Rafles hört doch die Namen der Personen, wenn wir sie grüßen, und er wird sie wiedererkennen.

– Dann sagen wir einfach andere Namen und fertig.

– Nein, Natascha, die Leute glauben nämlich dann, dass sie sich in der Telefonnummer geirrt haben, und werden auflegen.

– Nein, weil die Leute erkennen uns an unserer Stimme.

– Ja, aber alle werden denken, dass wir verrückt geworden sind.

– Nein, wir können ja von Haus zu Haus gehen und ihnen erklären, dass wir ihnen andere Namen geben, weil Rafles so eifersüchtig aufs Telefon ist und wir nicht wollen, dass er sie wiedererkennt und beißt.

– Dann sind sie sicher, dass wir verrückt geworden sind!

– Nein, sie sehen ja, dass wir nicht schielen, und die Verrückten schielen immer.

– Die Verrückten schielen doch nicht.

– Doch, sie schielen.

– Nein, tun sie nicht, aber auf jeden Fall werden sie denken: schau, einige Verrückte, die nicht schielen.

– Na gut, damit sie sehen, dass wir nicht verrückt sind, sagen wir das Einmaleins auf!

– Nein, niemand geht zu seinen Freunden und sagt (Spricht mit lieblichem Gesicht.) zwei mal eins sind zwei, zwei mal zwei sind vier, wenn du mich anrufst, geb ich dir einen anderen Namen, zwei mal drei sind sechs, zwei mal vier sind acht, weil mein Hund aufs Telefon eifersüchtig ist und wir nicht wollen, dass er euch beißt, wenn ihr uns besucht, zwei mal fünf sind zehn …

– Aber Mami, jeder Verrückte kann das Einmaleins mit zwei! Wir werden von Haus zu Haus gehen und sagen dann das Einmaleins mit sieben oder neun auf!

– Oder mit fünfzehn.

– Es gibt kein Einmaleins mit fünfzehn, Mami!

– Wie, das gibt es nicht! fünfzehn mal eins sind fünfzehn, fünfzehn mal zwei sind dreissig, fünfzehn mal drei … mach weiter!

– Nein, Mami, du hast angefangen.

– Fünfzehn mal drei?

– Ich mach nicht weiter.

– Du kannst es nicht!

– Нет, так они будут уверены в том, что мы с ума сошли.

– Нет, они увидят, что мы не косые, а у сумасшедших глаза косят.

– Не косят у сумасшедших глаза.

– Да, косят.

– Не косят, но в любом случае, люди подумают: „Смотрите, сумасшедшие, с некосящими глазами.“

– Ну хорошо, чтобы уверить их в том, что мы не сумасшедшие, мы им, скажем таблицу умножения.

– Нет, потому что никто не ходит в гости к друзьям, чтоб сказать им; (с милым выражением лица) два на один, два; два на два, четыре; когда ты мне позвонишь, я назову тебя другим именем; два на три, шесть; два на четыре, восемь; потому что мой пес ревнует к телефону, и мы не хотим, чтоб он вас укусил, когда вы к нам зайдёте; два на пять, десять…

– Нет, мама, любой сумасшедший умеет умножать на два, а мы на семь будем умножать или на девять.

– Или на пятнадцать…

– В таблицу умножения пятнадцать не входит, мама!

– Как не входит? Пятнадцать на один, пятнадцать; пятнадцать на два, тридцать; пятнадцать на три… Продолжай ты.

– Нет, мама. Это ты начала.

– Пятнадцать на три?

– Я не буду продолжать.

– Ты не знаешь.

– Да, знаю.
– Пятнадцать на три?
– Я знаю, но не хочу тебе говорить.
– Кхэм, кхэм...
– Я знаю!
– Ладно (с пафосом), сегодня на обед котлеты с пюре.
– И...?!
– Для тех, кто знает, сколько будет пятнадцать на три, и у кого прибрано в комнате.

– Klar kann ich es!
– Fünfzehn mal drei?
– Klar weiß ich es, aber ich will es nicht sagen!
– Aha, aha …
– Ich weiß es!
– Na ja! (Mit triumphierender Stimme.) Auf jeden Fall gibt es heute Wiener Schnitzel mit Kartoffelbrei …
– Und …?!
– … für diejenigen unter uns, die wissen, wie viel fünfzehn mal drei ist und ihr Zimmer ordentlich aufgeräumt haben.

– Ha! Na dann darfst weder du noch Papi Schnitzel essen, weil euer Zimmer ist nicht aufgeräumt!
– Aber ich bin diejenige, die kocht.
– Das gilt nicht, Mami!
– Klar gilt das.
– Egal, ich will nicht.
– Bis später, fünfzehn mal drei … (Sie zieht sich mit einem Siegesgefühl in die Küche zurück.)
– Ich will nicht, ich will nicht, ich will nicht, ich will nicht, ICH WILL NICHT!
(Stille bei der Siegerin, die es nicht notwendig hat, zu antworten.)
(Stille, sie wartet, um zu sehen, was passiert.)
(Stille, sie ist schon mit etwas anderem beschäftigt.)
– … (Stille, sie wählt eine Telefonnummer.) Hallo Pati? Schau mal, Rafles ist so eifersüchtig auf das Telefon und zerbeißt das Kabel. Damit unsere Freunde nicht denken, dass wir verrückt sind, wenn sie mit uns sprechen, geben wir ihnen andere Namen, dann gehen wir von Haus zu Haus und sagen das Einmaleins auf – ich habe gesagt mit sieben oder neun, aber meine Mama hat gesagt mit fünfzehn. Wie viel ist fünfzehn mal drei, Pati? Weil heute gibt es Wiener Schnitzel mit Kartoffelbrei … Wie viel? Sicher? Super!!! Danke!!! Tschüs, ich ruf dich später wieder an!
(Sie legt auf.) SIEBENUNDREISSIG, MAMI! ICH HABE GEWONNEN!

– Ха! Значит вы с папой не сможете съесть котлетки, у вас в комнате не пойми что!
– Но зато я – та, которая готовит!
– Так не пойдёт, мама!
– Пойдёт.
– Да я и не хочу!
– До свидания, пятнадцать на три… (победно уходит на кухню).
– Не хочу, не хочу, не хочу, не хочу, НЕ ХОЧУ!
– … (победное молчание – даже нет нужды отвечать).
– … (молчание – ждёт, что будет дальше).
– … (молчание – думает о чём-то другом).
– … (молчание – набирает номер телефона) Алё? Пати? Смотри, дело такое: Рафлис ревнует к телефону и кусает шнур и для того, чтобы наши друзья не думали, что мы с ума сошли, когда мы им скажем, что мы их другими именами будем называть, мы пойдём к ним и скажем … я хотела таблицу умножения на семь, а моя мама говорит, что на пятнадцать … Сколько будет пятнадцать на три, Пати? Потому что у нас сегодня на обед котлетки с пюрэ … Сколько?... Точно? Здорово!!! Спасибо, чао, я тебе ещё перезвоню!!! (бросает трубку). ТРИДЦАТЬ СЕМЬ, МАМА!!! Я ПОБЕДИЛА!!!

Das Luft-Obst

– (Stille, sie wählt eine Nummer.) Hallo? Pati? Hör mal, eine Frage, die Luft gehört mir, oder?

– Bist du verrückt, Nati? Die gehört doch allen!

– Nein, aber ich spreche doch nur von der Luft, die ich einatme.

– Die, die du schon eingeatmet hast, oder die, die du noch einatmen wirst?

– Warum?

– Na ja, weil die, die du schon eingeatmet hast, ist deine, aber die, die du noch einatmen wirst, gehört allen.

– Hm … (Denkt nach.)

– Warum, Nati?

– Weil mir der Blödmann von Jorge vor ein paar Tagen gesagt hat: „Geh weg von hier!" Und ich habe gesagt: „Der Platz gehört allen." Und er hat zu mir gesagt: „Aber du atmest meine Luft ein, geh weg, ich will nicht, dass du meine Luft einatmest!"

– Und was hast du gemacht?

– Na ja, ich habe ihn verhauen, so für alle Fälle, weil ich es nicht genau gewusst habe. Und dann habe ich begonnen zu pusten und habe zu ihm gesagt: „Da hast du deine Luft, Blödmann!"

– Das hast du gut gemacht, Nati!

– (тишина) Алё? Пати? Послушай вопрос: воздух мой?

– Нати, ты с ума сошла? Он общий.

– Нет, я имею в виду тот, которым я дышу.

– Который уже вдохнула, или тот, который собираешься вдохнуть?

– А что?

– Потому что тот воздух, который ты уже вдохнула, твой, а тот, который только собираешься, пока общий.

– Ага… (думает).

– А почему ты спрашиваешь, Нати?

– Просто недавно этот балбес Хорхе мне сказал: „Уходи отсюда!" Я ему говорю: „Место общее", а он мне говорит: „Ты моим воздухом дышишь, подвинься, не хочу, чтоб ты мой воздух вдыхала!"

– И ты его послушала?

– Нет, я его ударила, на всякий случай. А потом стала дуть и сказала: „Вот тебе весь твой воздух, мальчишка!"

– Ты правильно сделала, Нати.

– Эй, Пати, не стоит ли сохранить немного воздуха, на случай, если он однажды кончится?
– Девочка, его полно, он не кончится!
– Ух, девочка, ну представь себе, что в один прекрасный день ничего не останется.
– Никогда он не закончится.
– Ну представь себе, он закончится. Не нужно ли сохронить про запас?
– ... ну да, я думаю, да.
– ... а то смотри и появится какой-нибудь балбес типа Хорхе и скажет, что ты его воздухом дышишь.
– Я не обращу на него внимания.
– А если их таких много, Пати?
– Тоже не обращу.
– Нет, девочка, то, что нам нужно делать, так это сохранять воздух.
– А как?!
– Не знаю! В баночке, подуть в неё и быстро закрыть.
– Он выберется оттуда.
– Ладно, тогда в полэитиленовых пакетиках.
– Оттуда он тоже выберется.
– Нет, если заморозить пакетик в морозилке, то не выберется.
– Воздух не замёрзнет, девочка!
– Всё замерзает, Пати!
– Но воздух не приобретёт форму ледяного кубика!
– Он примет форму пакетика.

– He, Pati, sollten wir die Luft nicht wo aufbewahren, falls es eines Tages keine mehr gibt?
– Es gibt genug, es wird sie immer geben.
– Uff, aber stell dir vor, eines Tages gibt es keine mehr.
– Sie wird nie aus sein.
– Aber stell dir vor, dass es eines Tages keine mehr gibt! Sollten wir nicht irgendwo eine gut aufbewahren?
– Ja, ich denke doch.
– Stell dir vor, dann triffst du wieder jemanden wie Jorge, der deine Luft einatmet.
– Das erlaube ich nicht!
– Aber wenn es viele sind, Pati?
– Auch nicht.
– Nein, was wir machen müssen, ist, Luft gut aufzubewahren.
– Und wie soll das gehen?
– Was weiß ich? In einer Flasche, du bläst hinein und dann machst du sie schnell zu.
– Sie bleibt nicht drin, Nati.
– Na gut, dann in einer Plastiktüte.
– Auch da bleibt die Luft nicht drin, Nati.
– Vielleicht, wenn du die Plastiktüte in das Gefrierfach legst und sie gefriert, dann bleibt sie drin.
– Die Luft gefriert nicht!
– Alles gefriert, Pati!
– Aber die Luft ist nicht so wie Eiswürfel.
– Das hängt von der Form der Tüte ab.

– Nein, sie wird nicht hart.
– Ach Pati, wird sie etwa zu weichem Eis?
– Nein, sie gefriert nicht.
– Und wenn sie nicht gefriert, wie willst du sie dann aufbewahren?
– Ich bin doch nicht diejenige, die sie aufbewahren will!
– Komm, jetzt sei nicht so! Wenn es später keine Luft mehr gibt, hast du keine mehr, und ich muss sie schon für mich und Rafles aufbewahren.
– …? Für Rafles!? Warum?
– Hast du nicht gesehen, dass er fast verrückt geworden ist? Seit einer halben Stunde, seitdem wir sprechen, zerbeißt er eine von Mamas Socken … wie soll er verstehen, dass er Luft in einer Flasche aufbewahren soll, Pati? Er wird sie abschlecken.
– Nein, es wird genug Luft geben. Weißt du denn nicht, dass die Bäume den ganzen Tag Luft hervorbringen?
– Alle Bäume nicht, Pati!
– Ich sage dir, alle.
– Das kann nicht sein.
– Ich schwöre dir, alle.
– Und ein Orangenbaum, Pati? Ein Orangenbaum hat Orangen. Es gibt Luftbäume und andere, Orangen-, Äpfel- und Bananenbäume und so.
– Aber nein, so ist es nicht, sie machen Äpfel und auch Luft.
– Ha, ha, ha, ha! Ach, Pati, was du erzählst! Entweder machen sie Obst oder Luft! Ha, ha, ha …

– Нет, он твёрдым не станет.
– Ай, Пати! Он что, мягеньким замёрзнет?
– Он не замёрзнет, я тебе говорю!
– Если не замёрзнет, как ты его предлагаешь сохранить, а?
– А я и не хотела его сохранять, девочка!
– Не будь ты такой, девочка! Если воздух закончится, у тебя его не будет, а я свой должна сохранить для себя и для Рафлиса!
– …?! Для Рафлиса?! Зачем?
– Не замечала, что он немного дурачок? Пока мы тут разговариваем, он уже полчаса кусает мамины колготки… Как ты ему объяснишь, что нужно воздух в баночку задувать? Он ведь начнёт её лизать, Пати.
– Нати, не будет нехватки воздуха. Ты не знала, что деревья весь день вырабатывают воздух?
– Не все деревья, Пати!
– А я тебе говорю, что все!
– Не может быть, Пати.
– Я тебя уверяю, все.
– А апельсиновое дерево, Пати? Апельсиновое дерево делает апельсины, есть деревья, которые делают воздух, есть, которые апельсины, яблоки и бананы, и так далее.
– А я тебе говорю – нет. Они делают яблоки и воздух тоже.
– Ха, ха, ха, ха! Пати, что ты болтаешь! Они либо фрукты, либо воздух изготовляют! Ха, ха, ха…

– Над чем ты смеёшься, девочка?

– Над тем, что ты говоришь. А что же ты думаешь? У деревьев что, две головы? Немножко поделают воздух, а потом сделают бананчик, к примеру?

– Нати, они одновременно их делают!

– ... Эй, Пати! Представляешь – дерево немного отвлечётся и сделает только шкурку от банана, а во внутрь засунет воздух, потому что забудет сделать банан целым?

– Warum lachst du?

– Weil du das gesagt hast. Was glaubst denn du? Haben Bäume zwei Köpfe? In einem Moment machen sie Luft und im nächsten Bananen zum Beispiel?

– Sie machen das zur gleichen Zeit, Nati!

– Ach Pati, glaubst du wirklich, wenn ein Baum so halb abgelenkt ist, dass er nur die Schale der Banane macht und dann Luft hineingibt, weil er vergessen hat, die Banane ganz zu machen?

– Super! Das sind dann die Luftbananen.
– Siehst du, Pati, so was ist unmöglich!
– Ja, ich weiß schon.
– Und jetzt gibst du mir Recht, oder? Bäume können nicht gleichzeitig Äpfel und Luft machen.
– Warum?
– Weil es keine Luftäpfel oder Luftbananen gibt, es ist unmöglich!!!

– Здорово! Это будет надувной банан.
– Так поэтому, Пати, видишь, что такая вещь невозможна?
– Да, я знаю.
– Значит, ты соглашаешься со мной в том, что деревья не могут делать воздух и яблоки одновременно.
– Это почему?!
– Потому что не бывает воздушных яблок и воздушных бананов, девочка!!! Это не возможно!!!

Aknekote

– Mami, heißt es richtig Aknedote oder Anekdote?
– Es heißt Anekdote, Nati.
– Aknedote.
– Nein, Akne … jetzt hast du mich auch verwirrt.
– Ja …
– Anekdote …
– Aknendote?
– Ohne noch ein „n", Nati …
– Akekdote?
– Nein, ohne das andere „n", vorher hast du ein „n"
zu viel gesagt.
– Wo?
– In der Mitte, ich erinnere mich nicht.
– Also, wie heißt es dann richtig?
– (Stille, ihr Blick geht an die Decke.) Anekdote …
– An-ek-dote.
– Ja, sehr gut.
– Aknedote, nein, so nicht … An.. nein, Aknekote.
– Was??

– Мама, как правильно? Акнедот или
Акнекодт?
– Анекдот, Наташа.
– Акнедот.
– Нет, акн … фу, ты меня запутала.
– Хе…
– Анекдот…
– Аненкдот?
– Нет, без н, Нати…
– Аенкдот?
– Нет, без другого н, раньше ты сказала
с лишним н.
– Где?
– В середине, не помню.
– Ладно, как тогда говорить?
– (молчит и смотрит в потолок)
Анекдот…
– Ан…ек…дот.
– Да, очень хорошо.
– Акнекдот, нет, не так … ан…нет,
акнекодт.
– Что??

– Акнекодт.
– Ну-ка? Скажи-ка ещё раз.
– Акнекодт... акнекодт, акнекодт.
– Как ты это произносишь? Так намного сложнее, чем анекдот.
– Нет, мама, так легче, смотри, акнекодт!
– Нет, Наташа, скажи правильно.
– Мама, я так говорю, и всё.
– Нет, это не всё, Нати. Представь все будут говорить, как им вздумается.
– Но я не говорю, как мне нравится, просто говорю акнекодт, потому что мне так легче.
– К тому же, это не легче.
– Мне легче.
– Ладно, тебе легче, но тебе нужно научиться говорить правильно.
– ... я напишу тем, кто придумали разговаривать и ... Где придумали разговаривать, мамочка?
– Не в одном месте это придумали, Нати.
– Одновременно в нескольких местах придумали?
– Не знаю одновременно ли, но в разных местах люди начали понимать друг друга, делая ртом разные звуки.
– Кто-то, наверное, первый начал?
– Не знаю, Нати, они далеко друг от друга жили, и начали понимать друг друга, делая разные звуки.

– Aknekote.
– Wie? Sag es nochmals.
– Aknekote … Aknekote, Aknekote.
– Wie kannst du das so einfach sagen? Es ist viel schwieriger als Anekdote.
– Nein, Mami, so ist es viel leichter, hör mal, Aknedote!
– Nein, Natascha, sag es richtig.
– Ich sag es so und fertig.
– Nein, nicht und fertig, Nati, sieh mal, wenn jeder so sprechen würde, wie er will!
– Aber ich spreche nicht, wie ich will, ich sag doch nur Aknedote, weil es für mich leichter ist.
– Außerdem ist es nicht leichter.
– Für mich schon.
– Gut für dich, aber wie auch immer, du musst lernen, es richtig auszusprechen.
– … sieh mal, man hat es geschrieben, als man die Sprache erfunden hat und … wo hat man die Sprache erfunden, Mami?
– Sie wurde nicht nur an einem Ort erfunden, Nati.
– Sie wurde zur gleichen Zeit an vielen Orten erfunden?
– Ich weiß nicht, ob sie zur gleichen Zeit erfunden wurde, aber an verschiedenen Orten haben die Menschen begonnen, sich mit Lauten aus dem Mund einander verständlich zu machen.
– Jemand muss als Erster begonnen haben.
– Ich weiß nicht, Nati, aber weil sie sehr weit voneinander entfernt lebten, haben sie sich mit verschiedenen Lauten unterhalten.

– Und warum haben sie sich nicht geeinigt, damit sie alle gleich sprechen? Weil manchmal verstehe ich nicht mal Pati.

– Natascha, aber Pati spricht die gleiche Sprache wie du.

– Aber manchmal verstehe ich sie nicht, weil sie sehr schnell und mit geschlossenem Mund spricht.

– Weil das ihre Art zu sprechen ist, aber sie spricht die gleiche Sprache.

– Egal. Warum haben sie sich nicht geeinigt?

– Weil jeder daran gewöhnt war, so zu sprechen, wie er eben sprach, aber es gab einige, die sich zusammengeschlossen haben und gemerkt haben, dass, wenn sie gra, gra sagten, es dasselbe bedeutete wie fru, fru.

– Was heißt das?

– Es ist ein Beispiel, und daher haben sie in jedem Stamm oder Dorf weiterhin dieselbe Sprache gesprochen, aber einige haben ihre Sprache weiterhin verwendet und die der anderen auch, damit sie einander verstanden … aber hörst du mir eigentlich zu, Nati? Warum fragst du mich das alles?

– Es ist für eine Schulaufgabe, ich muss ein Gedicht schreiben und es morgen aufsagen.

– Hast du eines geschrieben?

– Ja.

– Lass mal hören, komm, sag es auf!

– Geh dorthin, Mami, aber lach nicht, ja?

– А почему они не договорились, чтоб мы все одинаково говорили? Почему я иногда Пати не понимаю?

– Наташа, но ведь Пати говорит на том же языке, что ты.

– Но я её иногда не понимаю – она быстрее говорит и рот не раскрывает.

– Это её манера разговора, но она говотит на том же языке.

– Ну всё равно, почему они не договорились?

– Потому что каждый из них привык к тому, как он разговаривает. Но некоторые из них встретили других и догадались, что когда те говорили гра, гра, они имели в виду то же самое, что эти называли фру, фру.

– Что ты этим хочешь сказать?

– Например, в каждом племени и в каждой деревне разговаривали на своём языке, но некоторые говорили на своём и ещё на другом, и помогали понимать других… но, послушай, Нати, почему ты меня об этом спрашиваешь?

– Это такое задание нам дали в школе, мама. Надо написать стихотворение и прочитать его завтра.

– Ты уже написала?

– Да.

– Ну-ка, раскажи.

– Вот. Мама, только ты не смейся!

Der Wind bläst zu den Schiffen,
als wäre es der Geburtstag eines Jungen,
weil er gerne Aknedoten macht.

– Es ist super, Nati! Kann ich dich was fragen? Was bedeutet Anekdote für dich?
– Was soll ich sagen, Mami! Es ist so wie eine Sache, ein Streich, oder er war brav und sie haben ihm einen Preis gegeben, weil er so nett ist!
– Nein, Natascha, es ist etwas anderes. Sollen wir es nicht im Wörterbuch nachschlagen?
– Mami, sei doch nicht so neidisch! Nur weil du kein Gedicht geschrieben hast und ich schon, hast du mir das so gesagt, und du hast mich verbessert, weil ich schon eines geschrieben habe und du nicht!
– Wie, nicht? Pass mal auf und hör zu:

Du bist so groß, dass dein Kopf
den Silbermond berührt,
und von hier unten fühle ich,
dass du dir nicht die Füße wäscht!

– Es ist super!
– Ich habe es für deinen Vater geschrieben, als wir noch verlobt waren.
– Ich werde es in der Klasse aufsagen.
– Nein, Nati, sag deines auf, das ist besser, oder? Du musst lernen, das Wort Anekdote richtig auszusprechen.

Ветер дует на корабли,
также, как в день рождения
мальчика, который любит
акнекодты

– Прекрасно, Нати! Можно тебя спросить одну вещь? Что для тебя значит слово „анекдот“?
– Что же оно может значить, мама! Это такая вещь, как шалость, или же он хорошо себя вел, и его наградили, потому что он такой приветливый!
– Нет, Наташа, это не то. Не хочешь посмотреть в словаре?
– Мамочка, не будь завистливой! Дело в том, что ты не написала стихотворение, а меня сейчас исправляешь, потому что я написала, а ты нет.
– Ах так? Бедняжка! Слушай.

Ты такой высокий,
что головой задеваешь
серебряную луну,
и снизу я чувствую,
что ты не моешь ноги.

– Прикольное!
– Я его посвятила твоему папочке, когда мы начали встречаться.
– Я его расскажу учительнице.
– Нет, Нати! Расскажи ей лучше твоё, оно лучше. Ладно? Только научись произносить слово анекдот.

– Нет, смотри. Ты напиши письмо тому племени, о котором ты мне рассказывала, и скажи им, что я говорю акнекодт, и это другую вещь означает, и все дела. Правда? Так они моему языку научатся, бедненькие. А то однажды придёт кто-нибудь из их племени, и захочет мне что-нибудь сказать, и не сможет. Бедненький, правда?

– Да, бедненький.

– Nein, sieh mal, du schreibst einen Brief an den Stamm, von dem du vorher erzählt hast, und du sagst ihnen, dass ich Aknedote sage und dass das was anderes bedeutet und fertig, oder? So lernen sie auch meine Sprache, die Armen. Denn wenn dann eines Tages einer von diesem Stamm kommt und mir etwas sagen möchte und es nicht kann, der Arme oder?

– Ja, der Arme!

Brief an die Mutter

Mami, ich schreib dir diesen Brief, damit du dir keine Sorgen machst, weil der Kühlschrank offen ist, wir haben ihn absichtlich so gelassen, weil wir was rausgenommen haben, um uns ein belegtes Brot zu machen, aber dann – ich weiß eben nicht, wie das passiert ist – haben wir was falsch gemacht und sind ausgerutscht und dann, damit nicht alles kaputt-geht, haben wir, Pati und ich, gesagt, dass wir besser wieder Ordnung machen, oder wir werfen einfach alles weg, zum Beispiel den uralten Teller, und als wir dann das Brot geschnitten haben, hat Rafles den Fleischteller gesehen und hineingebissen, und wir haben ihn geschimpft, aber er ist sehr starrköpfig und wir haben nicht gemerkt, dass er das Fleisch frisst, und ich habe, ohne zu wollen, zu Rafles gesagt, wenn du dich so danebenbenimmst, dann müssen wir dich eines Tages weggeben, und Pati hat gesehen, dass er ein Wiener Schnitzel verstecken wollte, und wir ha-ben ihn getadelt und bestraft, damit er lernt, sich zu benehmen, aber er hat so getan, als ob er uns nicht hören würde und das Schnitzel weitergefressen, und es hat ihm super geschmeckt, es war ihm egal, oder? Und er hat sich unter deinem Bett versteckt, und wir konnten ihn dort unten nicht erziehen, Pati wollte

ЗАПИСКА МАМЕ

Мама, я тебе написала эту записку, чтобы ты не беспокоилась о том, что дверца холодильника не закрывается; мы её так нарочно оставили, потому что мы вытащили всякое, чтобы бутерброды сделать; но тут, не знаю как, мы всё плохо поставили, и всё упало, но так как не разбилось до конца, мы с Пати решили, что мы это или склеим, или выбросим, всё равно это была такая старая тарелка, как не знаю что, тогда мы стали резать хлеб, и ты ведь знаешь, какой Рафлис: он начал кусать блюдо с мясом, и мы его отругали, но он продолжал, и мы не заметили, что он начал уже мясо есть, я ему сказала, что если он будет так себя вести, мы будем вынуждены выгнать его из дома в один прекрасный день, Пати видела, как он хотел спрятать котлету, и мы его отругали, и наказали, чтобы он усвоил урок, но он притворился, что ничего не слышит, и продолжал есть котлету с тем же аппетитом, как будто его ничего не волнует, так? И спрятался у тебя под кроватью, а там мы его не могли воспитывать, Пати попробовала залезть под кровать и ели-ели вылезла оттуда, такая умора! А когда Рафлис съел котлету, он вылез с грустной мордочкой, но хвостиком вилял и даже как бы улыбался, бедненький, так? Мы ему сказали, чтоб он не притворялся паинькой, виляя хвостиком, и если он будет продолжать плохо себя вести, мы его накажем, но он стал хорошо себя вести, и мы сказали, что в награду мы выведем его гулять., а я сказала: „Кошка, кошка", и он начал гавкать, как ненормальный; видела, мама, как он лает, когда говоришь: „Кошка, кошка"? Он думает, что нас кошки так же беспокоят, как его, правда? И когда я сказала: „Кошка, кошка", он начал лаять, как сумасшедший, и бегать туда-сюда, и нечаянно чуть не уронил на пол лампу; Пати едва успела её ухватить; тогда Рафлис на неё гавкнул, играя, потому что он думал, что мы играли, а Пати, глупышка, по-настоящему испугалась и уронила лампу, и это не полностью Рафлиса вина, а Пати сказала, что она не виновата тоже, и что ты разозлишься; я сказала, что нет,

zuerst auch dorthin, aber dann kam sie fast nicht mehr raus – das war lustig, Mami! Und als er das Schnitzel gefressen hatte, kam Rafles hervor mit einem Gesicht so halb traurig, aber er hat den Schwanz bewegt, als ob er sich ein wenig freuen würde, der Arme, oder? Und wir haben ihm gesagt, dass er sich nicht so dumm stellen soll mit dem Schwanz und so, sonst würden wir ihn bestrafen, aber er war dann brav und wir haben gesagt, dass er eine Belohnung bekommt, die wir ihm beim Gassigehen geben würden, und ich habe gerufen „Katze, Katze" und er hat wie ein Verrückter zu bellen begonnen, hast du schon gesehen, Mami, wie er bellt, wenn einer „Katze, Katze" sagt? Er ist sehr doof, weil er glaubt, dass wir im Ernst eine Katze gesehen haben, obwohl er doch eigentlich weiß, dass wir keine Katze gesehen haben! Warum macht er das dann? Er glaubt, dass die Katze für uns genauso wichtig ist wie für ihn. Und als ich „Katze, Katze" gesagt habe, hat er wie ein Verrückter zu bellen begonnen und ist so schnell von einer Seite zur anderen gerannt, dass er bei einer Seite an die Lampe gedonnert ist, ohne dass er es wollte, und fast wäre er auf den Boden gefallen, wenn ihn Pati nicht zum Glück angebunden hätte, aber dann hat Rafles gebellt, so zum Spaß, weil er geglaubt hat, dass wir mit ihm spielen, und Pati, die Doofe, hat wirklich Angst bekommen, das war, als die Lampe hinuntergefallen ist, und es war nicht alles, alles die Schuld von Rafles, aber Pati hat gesagt, dass sie nicht schuld war und dass du böse sein wirst, und ich hab ihr gesagt, nein, weil es doch passiert ist, als wir ihn erzogen haben, mit einer Belohnung, aber sie hat mit mir gezankt, und ich bin böse geworden und habe mit

потому что всё случилось из-за того, что
мы учили Рафлиса хорошо себя вести,
но она спорила со мной, и я обиделась,
а Рафлису хоть бы хны; он пошёл есть
ещё одну котлету в холодильнике, и
поэтому мы его открытым оставили,
чтобы выветрить запах собаки, так как
он залез почти полностью туда, чтоб
котлету достать, потому что блюдо
упало туда за салат и опрокинуло
эту баночку, поэтому мы оставили
открытым холодильник; сейчас мы
вернёмся, мы пошли учить Рафлиса
правильно себя вести, вышли обойти
квартал. Я тебя люблю, сердечки
мне помогла нарисовать Пати, но они
больше мои.

ihr gestritten, aber Rafles war das egal. Er hat dann
noch ein Wiener Schnitzel gefressen – im Kühlschrank,
und deshalb haben wir ihn offen gelassen, damit der
Geruch vom Hund weggeht, weil er ziemlich weit
hinein ist, um das Schnitzel zu finden, und weil der
Teller hinter den Salat gefallen ist und er die Flasche
umgeworfen hat, haben wir ihn offen gelassen, und
wir kommen ja sofort zurück, wir erziehen Rafles und
gehen mit ihm bei uns in der Nähe spazieren. Ich hab
dich sehr lieb, Pati hat mir geholfen, die Herzen zu
zeichnen, aber ich habe mehr gezeichnet.

Vergessen

– Mama, wenn ich vergesse zu vergessen, bedeutet das, dass ich mich erinnere?

(Hilfe!)

– Mamiiii!!!

– Bitte, mein kleiner Liebling, soll ich dir vielleicht eine leckere Milch machen?

(Mit einem verstellten Lächeln.)

– Gut, Mami, antworte mir, wenn ich vergesse zu vergessen, bedeutet das, dass ich mich erinnere?

– Kann ich dich zuerst fragen, ob du etwas vergessen hast? Wird irgendeine Katastrophe in der Schule passieren wegen irgendetwas, das du vergessen hast?

– Nein, es ist so, dass ich mit Pati ein Heft mit Fragen mache.

– Wirklich? Was für ein Glück ich habe! Und Patis Mami darf sich auch glücklich schätzen. Lass mich mal sehen, erklär mir deine Frage anhand eines Beispiels.

– Sieh mal, wenn ich etwas Hässliches vergessen möchte, aber ich erinnere mich, ohne es zu wollen, bedeutet das, dass ich vergessen habe zu vergessen?

– Мама, если я забуду забывать, это значит, я стану вспоминать?

– … (помогите).

– Мамочка!!!

– Что такое, мой сладенький ангелочек, нежная красота, мягкий бутончик хлопка, хочешь я тебе приготовлю вкусненького молочка? (со скрытой улыбочкой).

– Ну, мамочка, ответь мне. Если я забуду забывать, это значит, я стану вспоминать?

– Могу я сначала спросить, забыла ли ты что-то? Какая-то катастрофа случится сейчас в нашем доме или в школе из-за того, что ты о чём-то забыла?

– Нет, дело в том, что мы с Пати ведём тетрадь вопросов.

– Правда? Но какая же я удачница! Патина мама тоже, наверное, очень этому рада. Посмотрим, скажи-ка мне, к примеру, один из этих вопросов.

– Смотри: если я хочу забыть о чём-то плохом, но нечаянно вспоминаю, это говорит о том, что я забыла забывать?

– Нет, Наташа, это о том говорит, что ты на смогла забыть.

– А какая разница между не мочь забыть и забыть забывать?

– В том, что люди забывают разные вещи, но не думая о том, что им нужно что-то забывать.

– Но я могу что-то вспомнить, хоть и не думаю об этом.

– Да? Например?

– Когда я играю на гитаре, я вспоминаю ноты, хоть и не думаю о них. Я их автоматически вспоминаю.

– Nein, Natascha, das bedeutet, dass du nicht vergessen kannst.

– Und was ist der Unterschied zwischen nicht vergessen können und vergessen zu vergessen?

– Normalerweise kann jemand Dinge vergessen, aber er erinnert sich nicht daran, dass er etwas vergessen muss.

– Ich kann mich an etwas erinnern, obwohl ich nicht daran denke.

– Tatsächlich? Zum Beispiel?

– Wenn ich Gitarre spiele, erinnere ich mich an die Noten, obwohl ich nicht daran denke, weil ich automatisch spiele.

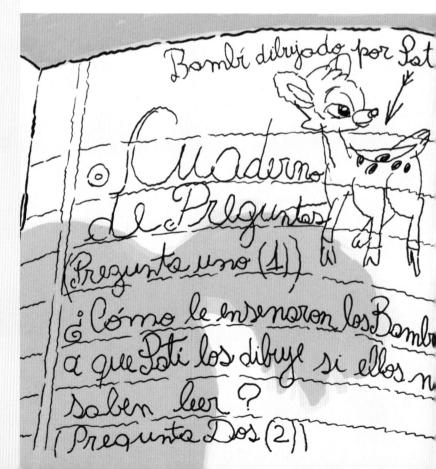

– Also?

– Wenn ich mich an etwas erinnere, ohne zu denken, dann kann ich mich doch auch daran erinnern, dass ich vergessen muss. Und wenn ich aufhöre, mich zu erinnern! Pffffff!

– Pffffffffffff? Was? Mach weiter!

– Was?!

– Und was, wenn du dann aufhörst, dich zu erinnern, was du vergessen wolltest, es ist nur so, dass du dich an etwas erinnerst … und nicht, dass du vergisst zu vergessen.

– Also, daher habe ich dich etwas gefragt, um mich daran zu erinnern, dass ich es vergessen möchte, muss ich vergessen zu vergessen?

– Nein, Natascha, man vergisst nicht zu vergessen!

– Nein?

– Nein, für „vergessen zu vergessen" sagt man „sich erinnern", das meinst du.

– Na ja, das habe ich dich doch zu Beginn gefragt! Wenn ich vergesse zu vergessen, bedeutet das, dass ich mich erinnere?

– Du machst mich verrückt, Natascha! Es gibt kein vergessen zu vergessen, entweder man erinnert sich oder man vergisst, so ist das.

– So ist das?

– Ja, genau so.

– Und warum kann man sich erinnern zu erinnern und nicht vergessen zu vergessen, he?

(Hilfe! Sie geht zum Telefon, um mit Patis Mama zu sprechen.)

– Значит?

– Так если я могу что-то вспомнить, не думая об этом, то я могу вспомнить, что мне надо что-то забыть, а когда перестаю помнить, то паф!

– Паф! Что? Продолжай.

– Что?

– Ну, значит, когда ты перестаёшь помнить о том, что что-то хотела забыть, то ты можешь о чём-то вспомнить… но не забыть забывать.

– Ладно, но я тебя и спрашиваю, чтобы вспомнить что-то, о чём хотела забыть, нужно забыть забывать?

– Нет, Наташа, никто не забывает забывать.

– Разве нет?

– Нет. То, что ты называешь забыть забывать – это вспоминать и точка.

– Ну хорошо! Я с самого начала тебя это и спрашивала! Я забуду забывать, это значит, я стану вспоминать?

– Ты меня с ума хочешь свести, Наташа? Нельзя забыть забывать. Можно только вспоминать и забывать, и всё.

– И всё?

– Да, всё.

– Так почему тогда можно помнить о том, что надо вспомнить, но нельзя забыть забывать. А?

– … (спасите! Бежит к телефону, чтобы предупредить Патину маму).

Kombinieren

КОМБИНИРОВАТЬ

– Mamaaaaa!
– Schrei doch nicht so, Na-ta-scha, bi-tte.
– Bauch zum Essen, schreibt man das mit b oder p?
– Bauch zum Essen? Welchen anderen Bauch gibt es noch, Natascha?
– Was weiß ich, Mami, welchen gibt es noch?
– Es gibt nur einen Bauch, Natascha.
– Und der Bauch zum Denken?
– Es gibt keinen Bauch zum Denken, das heißt Kopf oder Gehirn.
– Nein, weil der Kopf nämlich alles ist, so komplett, aber der Bauch zum Denken ist nur ein Teil, nicht mehr.
– Natascha, fang nicht so an, es gibt keinen Bauch zum Denken. Und beeil dich, damit du nicht zu spät zur Schule kommst …! Nati! Du hast dir verschiedene Socken angezogen!
– Sind toll, oder, Mami?
– Nati, geh und zieh dir zwei gleiche Socken an!
– Warum?
– Warum hast du verschiedene angezogen?
– Ich weiß schon, Mami, darum.

– Мамааааа!
– Не-кри-чи-На-та-ша-по-жа-луй-ста!
– Желудок для еды пишется с Ж или с З?
– Желудок для еды? А какой ещё есть желудок?
– Откуда я знаю, мама? Какой ещё есть?
– Только один желудок, Наташа.
– А как же желудок для мыслей?
– Не существует желудка мыслей. Это называется голова или мозг.
– Нет, голова – это всё, всё вместе. А желудок мыслей – это только часть.
– Наташа, не начинай. Нет желудка мыслей. И давай поторопись, а то в школу опозда….! ... Нати! Ты надела чулки разных цветов!
– Красивые. Разве нет, мамочка?!
– Нати, беги надень одинаковые!
– Почему?
– Как, почему? Ты два разных чулка надела.
– Я знаю, мама. Я нарочно.

– Нарочно что? Нати, чулки не комбинируются. Нужно одинаковые надевать.
– Это вовсе не так, мамочка! Зачем тогда столько чулков люди покупают?!
– Зачем, мой атомный фееверкчик?
– Чтоб лучше комбинировать! Зачем же ещё?
– Послушай, Наташа. У тебя две одинаковые руки, две одинаковые ноги, и два одинаковых уха. Каждые со своей стороны тела, правда?
– Да.
– Ты мне скажешь, зачем ты хочешь надеть разные чулки?
– Потому что можно разные надевать на каждую сторону. Мамочка, нужно комбинировать.
– Комбинировать твои наказания. Так ты на улицу не пойдёшь.
– …!
– Поняла? Так ты на улицу не пойдёшь.
– Мамочка, если я не пойду в школу, можно мы вместе будем смотреть телевизор?
– Наташа, это было наказание, а не награда.
– …
– Не хочу, чтоб ты так шла.
– Мамочка, как же ты хочешь, чтоб я шла?! С двух сторон одинаковая, не комбинируя?!
– Хочу, чтоб ты одинаковые чулки надела!
– Бууууууаааааааааааааааааа!!! Я хочу комбинировать!

– Darum, wie? Nati, die Socken werden nicht in verschiedenen Farben getragen, man trägt sie paarweise, zwei gleiche.
– Ach woher, Mami! Glaubst du, dass man sich dann mehr Socken kauft?
– Warum, mein kleiner Wirbelwind?
– Um besser zu kombinieren, wozu sonst, Mami.
– Hör mal, Natascha, du hast zwei gleiche Arme, zwei gleiche Beine und zwei gleiche Ohren, eines an jeder Seite deines Körpers, stimmt´s?
– Ja.
– Kannst du mir dann erklären, warum du zwei verschiedene Socken anziehst?
– Weil man sie nicht auf beiden Seiten gleich abnutzt, man muss kombinieren.
– Also, so kombiniert gehst du mir nicht auf die Straße!
– …!
– Verstehst du? So gehst du nicht auf die Straße.
– Mami, wenn ich nicht in die Schule gehe, können wir hierbleiben und gemeinsam fernsehen?
– Natascha, das soll eine Strafe sein, keine Belohnung.
– …
– Ich möchte nicht, dass du so rausgehst.
– Mami! Und wie willst du, dass ich rausgehe?! Beide gleich, ohne zu kombinieren?!
– Ich möchte, dass du mit zwei gleichen Socken rausgehst.
– Bähhhhhhhh!!! Ich möchte kombinieren!

– (Idee) Und warum kombinierst du nicht zwei der gleichen Farbe?!
– …?! Das geht?!
– Sicher! Hast du nicht gesehen, dass das die meisten Mädchen so machen, die etwas älter sind als du?
– Super, Mami! Gib mir zwei zum Kombinieren in Blau!

– (идея). А почему бы тебе не скомбинировать два чулка одного цвета?
– …?! А так можно?!
– Конечно! Не видишь, так все девушки, что постарше тебя, делают?
– Здорово, мамочка! Дай мне скомбинированных два синих!

– (помогите) … Да.
– Смотри! Мне идёт так, мам! Девочки умрут от зависти.
– … Конечно (вздыхает).

– (Hilfe) … ja.
– Sieh mal! Sieht toll aus, Ma! Sie werden sterben vor Neid, die Mädchen!
– … klar! (Das Herz macht plumps.)

Das Bad

– Komm, Pati, hilf mir, wollen wir Rafles baden?

– Ja klar.

– Mama sagt nämlich, dass nicht SIE ihn nach Hause gebracht hat, aber SIE ihm zu essen gibt und SIE ihn badet, und dann frisst Rafles auch noch die Pflanzen und das Telefonkabel, verstehst du?

– Ja klar.

– Aber jetzt, wenn sie nach Hause kommt, sieht sie, dass wir Rafles gebadet haben! Und das ist wie ein Geschenk, verstehst du?

– Ja. He, Nati, lass uns doch spielen, dass ich einen Hundesalon habe und du bist die Frau, die kommt.

– Nein, ich bin die Tochter von der Frau.

– Warum?

– Na so, ich möchte nicht die Frau sein, ich möchte die Tochter sein.

– Gut, dann bist du die Tochter, die mir den Hund zum Baden bringt.

– Super! Lass uns anfangen. Rafles, komm, wir spielen, dass wir dich baden!

– Иди сюда, Пати. Поможешь мне искупать Рафлиса, а?

– Да, давай.

– Да, а то моя мама говорит, что не она его в дом привела, но кормит его и купает, и что к тому же Рафлис ест её комнатные растения и грызёт телефонный шнур.

– Да, конечно.

– И так, когда она придёт домой, увидит, что мы Рафлиса искупали, понимаешь? Это вроде подарка, понимаешь?

– Да. Эй, Нати! А хочешь, будем играть, что у меня фирма по мытью собак, а ты клиентка?

– Нет, я буду дочкой клиентки.

– А что?

– Ничего, просто не хочу быть клиенткой, а дочкой клиентки.

– Ладно, будь дочкой, которая привела мне свою собаку на купание.

– Здорово! Начнём. Рафлис, иди сюда, мы будем играть в то, что тебя купаем!

– Нет, Нати! Не говори ему это, ведь собаки избегают ванн!

– Хорошо. Рафлис, иди сюда по другому вопросу! Ничего общего с купанием! Тут кость!

– Да, Рафлис, иди сюда, тут не ванна, а сюрприз!

– Рафлис! Иди сюда, говорю тебе, не будем мы тебя купать!... смотри, Пати, вон он спрятался.

– ... (владелица фирмы ищет собаку). Давай, начинаем.

– Да. Здравствуйте, сеньора. Как хорошо, что вы поймали мою собаку. Я ведь как раз веду его купаться! Сколько это стоит?

– Так это же твой пёс!

– Нет, девочка, я спрашиваю сеньору, сколько стоит его искупать! Не будь...!

– Ах, да. Здравствуйте, сеньора, это стоит восемдесят и ещё немного за поимку.

– Ага, хорошо. А чем вы моете, сеньора?

– Мы моем руками... Где мы его будем купать, Нати? В ванной?

– Нет, в ванну он не позволит себя затащить. Я лучше принесу тазик с водой. (дочка хозяйки собаки приносит тазик)... Вот, сеньора. Надеюсь вы с меня меньше возмёте за то, что я тазик с водой принесла.

– Да, я с вас возьму всего за три лапы. С собак берут по лапам, так я с вас возьму только за три лапы.

– Nein, Nati. Sag es ihm nicht, Hunde laufen doch davon, wenn sie baden sollen.

– Verstanden! Rafles! Komm wegen was anderem! Das hat nichts mit dem Baden zu tun! Es ist ein Knochen!

– Ja, Rafles, komm! Es ist kein Bad, es ist eine Überraschung!

– Rafles! Komm, ich sage dir, dass es nicht wegen dem Baden ist … sieh mal, er versteckt sich dort, Pati.

– … (Die Besitzerin des Geschäfts sucht den Hund.) Los, wir fangen an.

– Ja. Guten Tag, gnädige Frau, was für ein Glück, dass sie meinen Hund gefangen haben, weil ich ihn hierher gebracht habe, damit Sie ihn baden! Was kostet das?

– Der Hund gehört dir, Nati!

– Nein, ich habe die Frau gefragt, was es kostet, ihn zu baden! Sei nicht so!

– Ah, ja. Na gut, es kostet 80 und noch etwas mehr, ihn zu fangen.

– Aha, gut. Und wie waschen Sie ihn?

– Wir waschen ihn mit der Hand … wo baden wir ihn, Nati? Im Badezimmer?

– Nein, im Badezimmer wird er sich nicht waschen lassen, ich bringe besser einen Eimer mit Wasser (Tochter der Frau, die den Hund besitzt, kehrt mit einem Eimer zurück.) … hier, bitte, mal sehen, ob Sie mir weniger berechnen, weil ich das Wasser gebracht habe.

– Ja, Sie müssen nur für drei Beine bezahlen, nicht mehr, weil das Waschen wird pro Bein berechnet, und daher rechne ich so, als ob er nur drei Beine hätte.

– Ах, спасибо, сеньора! Давай, Пати, я его держу, а ты мыль его шампунем.

– Нет, Нати, сначала водой.

– Водой споласкивают, девочка! Лей на него шампунь, давай... вот так.

– ... (Рафлис лает).

– Нати, еще?

– ... (Рафлис встряхивается, лает).

– Половину давай выльем, на всякий случай. Рафлис, стой спокойно! Ой, он убегает!

– Держи его крепче, Нати!

– ... (Рафлис дрыгает лапами, встряхивается, гавкает).

– Скорее, Пати, лей на него воду, пока он не убежал!

– ... (Рафлис гавкает, скулит, встряхивается, гавкает).

– Вот так.

– Осторожно, девочка, ты весь пол водой облила! Рафлис! Стой смирно!

– И что же, девочка? Он ведь не стоит на месте! Осторожно, Нати, тазик! Ты его сейчас пнёшь!

– Давай, Пати! Скорее, ведь он не стоит на месте!

– ... (Рафлис вырывается, гавкает, гавкает, гавкает)

– А может его лучше в таз, чтоб на пол не брызгать?

– Да, так лучше, помоги мне. Рафлис, стоп!

– Давай, я его с этой стороны держу.

– ... (Рафлис встряхивается, встряхивается, встряхивается, скулит, гавкает).

– Ah, danke. Da, Pati, ich hab ihn und du gibst dieses Shampoo drauf.

– Nein, Nati, zuerst das Wasser.

– Das Wasser ist zum Ausspülen, Pati! Gib das Shampoo drauf ... so.

(Rafles bellt.)

– Mehr, Nati?

(Rafles schüttelt sich, er bellt.)

– Gib die Hälfte drauf, so für alle Fälle. Rafles, bleib ruhig! Uih, er entwischt mir!

– Halt ihn fest, Nati!

(Rafles bewegt die Beine, er schüttelt sich und bellt.)

– Beeil dich, Pati, schütte das Wasser drauf, er entkommt mir.

(Rafles bellt, heult, schüttelt sich, bellt.)

– So geht´s.

– Achtung, Pati, du machst den ganzen Boden nass! Rafles, bleib ruhig!

– Na toll, Nati! Weißt du, er bewegt sich nämlich! Achtung, der Eimer, Nati! Du wirst hineintreten!

– Schnell, Pati! Beeil dich, er bleibt nicht ruhig!

(Rafles ist dabei, sich zu befreien, er bellt, bellt, bellt.)

– Vielleicht setzt du ihn besser in den Eimer, dann spritzt das Wasser nicht heraus?

– Ja, besser, hilf mir. Ruhig, Rafles!

– Los, ich halt ihn von hier.

(Rafles schüttelt sich, schüttelt sich, schüttelt sich, heult, bellt.)

– Aus, Rafles! Siehst du denn nicht, dass wir das machen, damit du keine Flöhe hast! Gib Shampoo ins Wasser, Nati.

– Pass auf, dass der Eimer nicht umf…!

(Rafles hat es geschafft, zu entkommen, er läuft durch die Küche, den Eingangsbereich, das Wohnzimmer, den Flur zu den Schlafzimmern und versteckt sich unter Nataschas Bett.)

– SIEH MAL, NATI, DU BIST SCHULD, DASS ER ENTKOMMEN IST.

– DU BIST SCHULD, PATI!

– Рафлис, перестань! Это чтобы у тебя не было блох, понимаешь?! Наливай в воду шампунь, Нати.

– Осторожно! Смотри, чтоб не упал таз…! (Рафлис умудрился вырваться и скрыться, убежав через кухню, прихожую, зал, коридор, чтоб спрятаться под Наташиной кроватью.

– ДЕВОЧКА! ТЫ ВИНОВАТА В ТОМ, ЧТО ОН УБЕЖАЛ!

– ЭТО ТВОЯ ВИНА, ДЕВОЧКА!

Umso-fü-weniga

– Uih, Mama, dort steht die Eiscreme.
– Hm.
– Nehmen wir eine?
– Nein.
– Bitte, Mami, eine.
– Nein.
– Gut, für dich auch eine.
(Stille.)
– Dann kauf mir Schokolade.
– Warum dann, Natascha?
– Na so, wenn du mir kein Eis kaufst, dann kauf mir Schokolade.
(Stille.)
– Sieh mal, Mama! Pati hat die gleiche Puppe!
– Natascha, wir sind hergekommen, um Milch zu kaufen, verstanden?
– Milch und Pommes.
– Nein, Milch.
– Wenn du mir nicht die Puppe kaufst, dann kauf mir umso-fü-weniga Pommes.

– Ой, мама, вон там продают мороженое!
– Ага.
– Пойдём, купим?
– Нет.
– Ну давай, мамочка, только одно.
– Нет.
– Ладно, тебе ещё одно.
– … (молчание).
– Тогда купи мне шоколадку.
– Почему это тогда, Наташа?
– Да, если не хочешь купить мне мороженое, купи мне шоколадку.
– … (молчание).
– Смотри, мама! Это такая же кукла, как у Пати!
– Наташа, мы пришли молоко покупать, так ведь?
– Молоко и чипсы.
– Нет, молоко.
– Если ты мне не купишь куклу, тогда хотячто чипсов.

– Наташа, не говорят „хотячто".
– Да, говорят: Патина бабушка всё время говорит: „хотячто что-нибудь – это уже что-то".
– Но так не говорят, не важно, если кто-то так когда-то сказал.
– Патина бабушка так говорит, мама!
– Говорят „хотя бы".
– Но Патина бабушка говорит „хотячто".
– Бабушка говорит, Наташа, и говорит „хотя бы".
– Мама, не правда ли, что ты больше меня знаешь, потому что ты меня старше?
– Мммм...
– Патина бабушка старше тебя, так что „хотячто" правильно.
– Хотя бы!
– Я буду говорить „хотя бы", если ты мне купишь куклу.
– Нет.
– Хорошо, чипсы.
– Нет.
– Мороженое?
– Нет, Наташа! Прекрати, пожалуйста.
– Хотячто, хотячто, хотячто, хотячто, хотячто, хотячто, хот...
– Сеньор, дайте мне мороженое, пожалуйста.

– Es heißt nicht umso-fü-weniga, Natascha.
– Doch, sagt man. Die Oma von Pati sagt immer, „umso-fü-weniga is a no wos".
– Aber, das sagt man nicht. Es ist egal, wer das sagt.
– Die Oma von Pati sagt das, Mami!
– Es heißt wenigstens.
– Ja, aber die Oma sagt umso-fü-weniga.
– Die Oma sagt es so, Natascha, aber es heißt wenigstens.
– Mami, ist es nicht so, dass du mehr weißt, weil du größer bist als ich?
– Hm …
– Nun, die Oma von Pati ist größer als du, daher ist es in Ordnung, wenn man umso-fü-weniga sagt.
– Wenigstens.
– Ich sage wenigstens, wenn du mir die Puppe kaufst.
– Nein.
– Na ja, dann die Pommes.
– Nein.
– Die Eiscreme?
– Nein, Natascha. Schluss jetzt, bitte!
– umso-fü-weniga, umso-fü-weniga, umso-fü-weniga, umso-fü-weniga …
(Stille.)
– umso-fü-weniga, umso-fü-weniga, umso-fü-weniga, umso-fü-weniga, umso-fü-weniga, umso-fü-weniga, umso-fü-weni…
– Guten Tag, könnten Sie mir bitte ein Eis geben?

– Danke, Mami.
(Stille, sie bezahlt das Eis.)
– Mami, wenn ich die Oma dazu bringe, dass sie richtig spricht, kaufst du mir dann die Puppe?

– Спасибо, мамочка.
– ... (молчание, расплачивается за мороженое).
– Мама, если я уговорю бабушку, чтобы она правильно говорила, ты мне купишь куклу?

Irgendeine

– Mami, erzähl mir eine Geschichte.
– Welche möchtest du hören, Nati?
– Irgendeine.
– Nein, nenn mir eine, die dir gefällt.
– Irgendeine, Mami, wirklich.
– Gut … lass mich mal nachdenken …
(Sie denkt nach.) Es war einmal …
– Die kenn ich schon, Mama!
– (Eins, zwei …) Natascha, alle Geschichten
beginnen so.
– Ja, aber die hast du mir schon erzählt.
– Ich habe dir vielleicht eine erzählt, die so beginnt,
aber danach geht sie anders weiter.
– Wie denn?
– Was weiß ich, Natascha, ich erinnere mich nicht,
welche ich dir erzählt habe.
– Du hast mir eine erzählt, die so geht,
es war einmal … und dann hat sie begonnen.
– Das war ein Beispiel.
– Gut, aber erzähl mir diese.
– Ich weiß nicht, welche es war, Natascha!
Warum schläfst du nicht einfach und fertig?

ХОТЬ КАКУЮ

– Мамочка, расскажи мне сказку.
– Какую тебе рассказать, Нати?
– Хоть какую.
– Нет, ты скажи мне, какая тебе
нравится.
– Правда, мама, хоть какая.
– Ладно … ну … (думает). Жили-были …
– Эту я уже знаю, мама!
– (раз, два…) Наташа, все сказки
так начинаются.
– Да, но эту ты мне уже рассказывала.
– Я тебе рассказала какую-нибудь,
которая также начиналась, но с другим
продолжением.
– С каким продолжением?
– Откуда я знаю, Наташа, я не помню,
какую я тебе рассказала.
– Так ты же сказала, что она
начиналась „жили-были“ … и потом
продолжалась.
– Я сказала это к примеру.
– Ну расскажи мне её.
– Я не знаю, какая это была сказка!
Почему бы тебе не уснуть и всё?

– Нет, мамочка, давай... там про лес.

– Наташа, два миллиона сказок про лес.

– ... там была избушка, мама. Не помнишь?

– Красная шапочка?

– Нет, мама, ничего общего. Там ещё ведьма.

– Спящая красавица?

– Нет, мама, там еще было животное.

– Какое животное, Наташа?!

– Такое, из тех, что людей не едят, такое вот.

– Доброе?

– Нет, такое волосатое, с клыками. Мама, вспоминай.

– Волосатое с клыками? Единственное животное, которое я знаю с таким описанием, это твой папа.

– Нет, мама, серьёзно... он ещё ползал.

– Крокодил?

– Ничего подобного...!

– Волосатый крокодил?

– Фу! Серьезно! У него глаза вот такие и длинный хвост.

– Обезьяна?

– Нет, мамочка... с перьями, вспоминай...

– Наташа, не шути, не бывает таких животных!

– Да! Ты же мне про них рассказывала! Я тебя еще переспросила, и ты сказала.

– Nein, Mami, los ... eine, die in einem Wald passiert.

– Es gibt zwei Millionen Geschichten, die in einem Wald passieren, Natascha.

– ... mit einem Häuschen. Erinnerst du dich nicht, Mami?

– Rotkäppchen?

– Nein, Mama, nicht die. Die mit der Hexe.

– Hänsel und Gretel?

– Nein, Mami, die mit so einem Tier.

– Welches Tier, Natascha?

– Eines von denen, die keine Menschen fressen, das so ist ...

– Das gut ist?

– Nein, so voller Haare, so ... mit Stoßzähnen, Mama, erinnere dich.

– Haarig und mit Stoßzähnen? Das einzige Tier, das ich kenne, das so ist, ist dein Vater.

– Nein, wirklich, Mami, im Ernst ... es kriecht, sag ich dir ...

– Ein Krokodil?

– Nein, nicht doch!

– Ein haariges Krokodil?

– Uff! Im Ernst! Mit den Augen halb so und einem langen Schwanz...

– Ein Affe?

– Nein, Mami ... eines, das Federn hat, erinnere dich ...

– Natascha, du ziehst mich auf, so ein Tier gibt es nicht!

– Doch! Als du es erzählt hast, habe ich dich gefragt, und du hast es mir gesagt.

– Was habe ich dir gesagt, Natascha?

– Du hast mir das so erzählt, mit so einem Gesicht, huiiiiiiii! … das so geflogen ist.

– Ist es geflogen oder gekrochen, Natascha? Entscheide dich.

– Es hat so gemacht, Mama, erinnere dich doch, los!!!

– Natascha, du machst mich müde! Ich weiß nicht, von welcher Geschichte du sprichst!

– Von einer, die du mir erzählt hast, Mami! Wovon handelt sie?!

– Sieh mal, ich erinnere mich nicht an die Geschichte, also schläfst du gleich und Schluss!

– Neeiin! Wenn du mir keine Geschichte erzählst, dann habe ich in der Nacht Angst!

(Stille, sie möchte schon schlafen.)

– Aahh!!! Aaahhh!!! (Zähneklappern.)

– IST JA GUT, Natascha, ich erzähl dir eine Geschichte.

– Aber die, die ich dir sage, Mami, ja?

– Ja, Natascha, gut … es war einmal vor langer Zeit … ein Tier …

– Ja.

– … haarig.

– Ja!

– … mit … Stoßzähnen?

– Ja!!!

– … das gekrochen ist, das keine Menschen gefressen hat.

– Что я сказала, Наташа?

– Ты мне так сказала, ещё лицо сделала такое… Гаааааааррррр! … и летал.

– Летал или ползал, Наташа? Ты уж выбери.

– Мама, он ещё вот так делал! Ну вспомни!!!

– Наташа, я уже от тебя устала! Не знаю, о какой сказке ты мне рассказываешь!

– О той, что ты мне рассказала, мамочка! О какой же ещё?!

– Смотри, я не помню, что это была за сказка, так что засыпай и всё!

– Нет! Буаааааааааааа! Из-за того, что ты мне сказку не расскажешь, я буду бояться ночью! Буааааааааа!!!

– … (молчание. хочет пойти спать).

– Буаааааааа!!! Ааааааааа!!! Ааааааааа!!!

– Ну-лад-но-На-та-ша, давай расскажу тебе сказку.

– Ту, которую я тебе говорю? А, мама?

– Да, Наташа. Вот… однажды … жил-был такой зверь…

– Да.

– … волосатый.

– Да!

– … с … клыками?

– Да!!

– … который ползал, и был не из тех, что едят людей?

– Да!!! Да!!!

– … с перьями, с такими вот глазами и мог летать…

– Этот, мама!!! Этот, этот! Видишь? Ты вспомнила!

– … (спасите меня) … Ладно, что ещё он делал?

– … Он был монстром.

– Монстром…

– Да, он спас двух девочек, которые были подружками, и их маму и папу. Разве не так?

– И их собаку.

– Да.

– Мне кажутся знакомыми эти герои… а от чего он их спас?

– От себя! Мамочка, он же был такой ужасный..!

– Нати, как он их мог спасать сам от себя?

– Потому что они не были ужасными.

– А почему бы нам не сделать его менее ужасным и тогда ему не придётся никого спасать.

– И что же у нас будет за рассказ без монстра? (смех) ха,ха,ха… ай, мамочка! Какая же ты!

– Мы можем сделать, чтоб он не был монстром, и…

– Здорово, мамочка! Мы можем сделать, чтобы все остальные были монстрами!

– Нати, что за желание создавать монстров? Не было там монстров!

– Почему?

– … Потому что эта сказка не про монстров.

– Ja!!! Ja!!!

– … mit Federn, mit solchen Augen und das geflogen ist …

– Ja, diese, Mami!!! Diese, diese! Siehst du, dass du dich erinnerst!

– … (Hilfe.) … gut. Was gab es noch?

– Da war ein Mosnter …

– ein Monster …

– Ja, es hat zwei Mädchen gerettet, die gute Freundinnen waren, und eine Mama und einen Papa, oder?

– Und einen Hund?

– Klar doch, auch.

– Die einzelnen Personen kommen mir schon etwas bekannter vor … und wovor hat es die Menschen gerettet?

– Vor ihm, Mami! Siehst du denn nicht, dass es sehr hässlich war?

– Nati, wie kann es die Menschen vor sich selbst retten?

– Weil sie nicht hässlich waren.

– Und warum machen wir es nicht ganz so hässlich, dann muss es sie nicht retten?

– Und was ist, wenn wir eine Geschichte ohne Mosnter erzählen? (Lacht.) Ha, ha, ha … ey, Mami, so bist du, he!

– Wir können es so erzählen, dass es kein Monster war und …

– Super, Mami! Und dass alle anderen Mosnter waren!

– Was ist so toll an einem Monster? Es hat keine Monster gegeben!

– Warum?

– … weil es eine Geschichte ohne Monster ist.

– Hast du Angst vor ihnen, Mami?
– … sieh mal (Eins, zwei …), nein, meine Süße, ich habe keine Angst davor, es ist nur, dass es eben nicht immer Monster in einer Geschichte geben muss.
– Doch, du hast Angst, dass du dann nicht schlafen kannst, wir erzählen von was anderem und fertig, du musst dich nicht schämen, wir können eine von einem Prinzen erzählen, der sehr schön war und so halb verrückt, oder?
– Ich habe keine Angst, Nati! Hör zu, es waren einmal fünf haarige Monster …
– … aber es waren nicht solche, die Menschen fressen, und was haben sie gemacht?
– Die Monster haben den ganzen Tag gearbeitet in …
– In einer Menschenfabrik!
– Gut, und warum haben sie dort gearbeitet?
– Sie haben auf die Knöpfe gedrückt und sie haben was festgebunden … weil sie dachten, sie wären keine Mostner.
– Sie dachten, sie wären sehr lieb.
– Ja und sie sagten, sieh mal, wie hässlich die Menschen sind, die wir machen …
– Und sie hatten Angst vor den Menschen, die sie machten.
– Ja. Und sie sagten: Wir müssen sie besser machen, wir müssen sie besser machen …
– Aber sie machten weiter so, weil eigentlich gefielen ihnen die Personen, die sie schufen.
– Ja, und sie wollten sie nicht verkaufen, und nachts öffneten sie ihnen die Tür, damit sie fortgehen konnten, um weit weg zu leben.
– Und die Menschen liefen weg, weil sie Angst hatten.

– Ты что, боишься, мама?
– … что я… (раз, два…). Нет, красавица, я не боюсь, просто не обязательно включать в сказку монстров.
– Если ты боишься не уснуть, мы можем о чём-то другом сделать сказку. Не надо стыдиться. можно придумать про симпатичного принца, немножко чокнутого, разве не так?
– Нати, я не боюсь! Смотри, жили-были пять волосатых монстров…
– Но они были не из тех, кто ели людей. И что они делали?
– Они весь день работали монстрами…
– На фабрике людей!
– Ладно, только зачем они там работали?
– Они там пришивали пуговицы и чинили, и они не считали себя монстрами…
– Они думали, что они красивые.
– Да, и говорили: „Смотри, какие страшные получаются люди…"
– Даже боялись людей, которых изготовляли.
– И говорили сами себе: „Нужно совершенствоваться, нужно совершенствоваться…"
– Но продолжали делать их такими же, потому что в глубине души им нравились эти люди, которых они изготовляли.
– Да, и они не хотели их продавать. А ночью открывали им дверь, чтоб они выходили и жили, где хотели.
– И люди убегали, потому что боялись.

– … да (потому что думали, что это были монстры из тех, что едят людей).

– Однажды, один из монстров, которые пришивали пуговицы, заболел и не мог продолжать. Остальные не знали, что с ним происходит.

– Но один из людей, которых они изготовляли, как раз был доктором и дал ему лекарство.

– Не так быстро. Сначала он не хотел его лечить, так как думал, что если он подойдёт, то тот его съест.

– Хорошо, но он увидел, что если он его не вылечит, больше невозможно будет изготовлять людей, и сказал: „Ладно, я подойду, что же сделаешь…"

– Он его вылечил и ничего страшного не случилось… он вернулся и рассказал другим…

– Эй, они, может, чуть опаснее животных, но всё равно не настоящие монстры…Они получше Рафлиса.

– … ja, weil sie dachten, dass es Menschenfresser wären.

– Und eines Tages wurde eines der Monster, das auf die Knöpfe drückte, krank, und die anderen konnten nicht weiterarbeiten, weil sie nicht wussten, was es hatte.

– Aber einer der Menschen, die sie geschaffen hatten, war zufällig Arzt und gab ihm ein Heilmittel!

– Nicht sofort, zuerst wollte er das Monster nicht heilen, weil er dachte, dass es sich ihm nähern würde, um ihn zu fressen.

– Aber dann merkte er, dass, wenn er es nicht heilen würde, es nicht weitermachen konnte und keine Menschen mehr mit der Maschine schaffen würde, und er sagte … Mami, ja warte, ich komme näher, ganz nahe zu dir …

– Und er heilte es, und nichts passierte, und er kehrte zurück und sagte zu den anderen …

– He, diese sind fast wilder als ein Ungeheuer, aber sie sind keine Mosnter, Mostner … sie sind besser als Rafles.

– Ah, sie haben ihn gekannt?
– Hast du nicht gesehen, dass er überall herumläuft?
– Und wie geht die Geschichte aus?
– Und sie lebten glücklich und zufrieden bis ans Ende ihrer Tage.
– (Sie lächelt.) … und wenn sie nicht gestorben sind …
– … dann leben sie noch heute.
– … (Küsschen.)
– … (Küsschen.)

– Ой, а они его знали?
– Не видела, что он все время где-то бегает?
– И как заканчивается сказка?
– И жили они долго и счастливо…
– (улыбка) … сказка ложь, а в ней намёк…

– … добрым молодцам урок.
– … (поцелуй).
– … (поцелуй).

Luis María Pescetti

Luis María Pescetti wurde in San Jorge, Santa Fe, Argentinien geboren. Er ist Autor, Schauspieler und Musiker. Er arbeitet für das Fernsehen und leitet Radioprogramme in Mexiko und Argentinien; er präsentiert seine Shows unter anderem in Mexiko, Argentinien und Spanien.

Er wurde mit zahlreichen nationalen und internationalen Preisen ausgezeichnet, besonders erwähnenswert sind der Preis von ALIJA, der Preis „Premio Fantasía" (Argentinien), der Preis „Casa de las Américas" (Kuba) und die Auszeichnungen von „The White Ravens" (Deutschland).

ЛУИС МАРИЯ ПЕСЭТТИ

Родом из Сан Хорхэ, Санта Фэ. Писатель, актёр и музыкант. Работал на телевидении, ведёт передачи на радио и играет в детских спектаклях. Записал диски с детскими юмористическими песнями: Чёрный вампир, Перезаписанная кассета, Антология Луиса Песэтти и Грязноротый.

К числу международных премий, полученных им за свою работу, относятся The White Ravens (которую он получил дважды), выдающаяся ALIJA, премия Дома Америки и премия Фантазия. Его особенно книги известны в Южной Америке и в Испании. Самые популярные книги: Красная шапочка, так как её рассказали Хорхэ; Наташа; Сырой Осьминог; Фрин; Здорово!; Истории про сеньоров Мок и Пок; Никто бы тебе не поверил; Чат Наташа Чат и Гражданин в моих ботинках (для взрослых).

www.pescetti.com

Inhalt

DER SCHAUHÖR VERLAG

Bunt und vielflältig ist die Lebenswirklich-
keit in Deutschland. Der SchauHör Verlag
begegnet dieser Herausforderung Schritt für
Schritt mit seinem Programm.
Eine wichtige Ergänzung zu den bisher ver-
öffentlichten Sprachen Deutsch und Türkisch
sind Spanisch, Russisch und Polnisch.

Nicht nur die jungen und jüngsten Leser
finden Gefallen an den Geschichten und
Illustrationen, auch Erwachsene lassen sich
gern inspirieren und haben einfach Spaß
beim Lesen oder Erzählen.
Und genau dies ist das Ziel des 2006
gegründeten Verlags. Qualitätsvolle Kinder-
und Jugendbücher sollen Vergnügen berei-
ten und Lust auf Sprache wecken.

FANTASIEVOLLE KINDERBÜCHER
AUF DEUTSCH UND TÜRKISCH

Sprache kommt von sprechen. Und mit
diesen Büchern gibt es viel zu erzählen!
Auf Deutsch. Oder Türkisch. Über die groß-
formatigen „Meine Wörter reisen" passen
viele Köpfe, die gemeinsam fußballspielende
Kühe, angelnde Spinnen und gierige Riesen
verfolgen können.

In ihrem zweiten Band „Meine Wörter
reisen von Drinnen nach Draußen" stellt die
Künstlerin Christiane Strauss auf überra-
schende Weise das Gegensatzpaar Drinnen
und Draußen dar. Auch als Spiel geeignet:
wer zuerst die Gegenstände in den Büchern
zusammengesucht und sowohl auf deutsch
als auch auf türkisch benannt hat – der hat
bestimmt ein Eis verdient ....

„Meine Wörter reisen von drinnen
nach draußen/Kelimelerim içeride
ve dışarıda"
Christiane Strauss/Ebru Cihan
kartoniert I Großformat 450 x 300 mm
8 Seiten I Alter: 2-99 Jahre
deutsch-türkisch
ISBN 978-3-940106-05-6
Euro 16,50

„Meine Wörter reisen/
Kelimelerim Yolculuğu"
Christiane Strauss/Ebru Cihan
kartoniert I Großformat 450 x 300 mm
8 Seiten I Alter: 2-99 Jahre
deutsch-türkisch
ISBN 978-3-940106-01-8
Euro 16,50

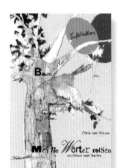

„Meine Wörter reisen von drinnen
nach draußen" Christiane Strauss
kartoniert I Großformat 450 x 300 mm
8 Seiten I Alter: 2-99 Jahre I deutsch
ISBN 978-3-940106-04-9
Euro 16,50

„Meine Wörter reisen"
Christiane Strauss
kartoniert I Großformat
450 x 300 mm I 8 Seiten
Alter: 2-99 Jahre I deutsch
ISBN 978-3-940106-00-1
Euro 16,50

„Was tust du wenn es regnet?"
Haery Lee/Byeongkyu Jeong | gebunden
240 x 295 mm | 36 Seiten | deutsch
Alter: ab 3 Jahre | ISBN 978-3-940106-02-5
Euro 16,00

Ein trauriger Tiger wartet auf besseres Wetter,
ein Gepard mit Regenschirm stemmt sich gegen den Sturm, während der mutige Löwe sein
Maul weit öffnet für die sehnlichst erwarteten
Regentropfen. Am Ende überraschen die fan-
tastischen Tiere mit ihren Farben und ihrer Lebensfreude den Leser. Ein außergewöhn-
liches Buch des koreanischen Autorengespanns Haery Lee/Byeongkyo Jeong gegen die
trüben Regentage und für Kinder zum mit- und weiterdenken. Komplett auf Deutsch.
2011 ERHIELT HAERY LEE EINE AUSZEICHNUNG DES KOREANISCHEN ÜBERSETZUNGS-
BÜROS (KOREA LITERATURETRANSLATION INSTITUTE) FÜR DIESES BUCH!

„Şehire kar yağdığı zaman zebra
çubuk ne yapar?"
Sara Carlini | Übers. v. Salim Özgür Akgün
gebunden | 180 x 250 mm
32 Seiten | türkisch | Alter: ab 3 Jahre
ISBN 978-3-940106-03-2
Euro 12,00

Çubuk – ein Zebra – lebt in einer Stadt in
der Nähe des Meeres. Plötzlich wird es nicht
nur kalt, es schneit sogar! Bisher kannte es den Schnee nur aus dem Fernsehen. Also
nimmt es das Buch „Was tun Zebras wenn es schneit?" zur Hand ... In diesem lebhaf-
ten Buch von Sara Carlini entwickelt der Text ein grafisches Eigenleben. Da purzeln
die Buchstaben oder werden schon mal ausgestrichen. Am Ende des Buches hat dann
nicht nur das Zebra, sondern auch der Leser eine Menge Anregungen gesammelt, für
einen verschneiten Tag. Komplett auf Türkisch.

„Hoppla Natascha"
Luis María Pescetti | Softcover | 185 x 215 mm
120 Seiten | Alter: ab 8 Jahre
Deutsche Übersetzung: Elisabeth Anna Kleinl
ISBN 978-3-940106-06-3 | deutsch-spanisch
Euro 9,95

„Hoppla Nati"
Luis María Pescetti | Softcover | 185 x 215 mm
120 Seiten | Alter: ab 8 Jahre
Deutsche Übersetzung: Elisabeth Anna Kleinl
Polnische Übersetzung: Dagmara Trawczyńska
ISBN 978-3-940106-08-7 | deutsch-polnisch
Euro 9,95

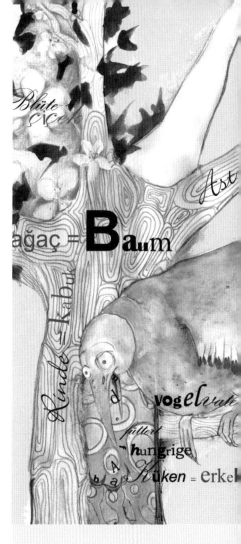

SCHAUHOR®

info@schauhoer-verlag.de
www.schauhoer-verlag.de